NÃO HÁ MAPA COR-DE-ROSA

Título original:
Não Há Mapa Cor-de-Rosa. História Mal(dita) da Integração Europeia

© José Manuel Medeiros Ferreira e Edições 70, 2013

Revisão: Marcelino Amaral

Capa de FBA

Depósito Legal nº 365252/13

Biblioteca Nacional de Portugal – Catalogação na Publicação

FERREIRA, Medeiros, 1942-

Não Há Mapa Cor-de-Rosa.
História Mal(dita) da Integração Europeia.
(Extra colecção)
ISBN 978-972-44-1771-4

CDU 339

Paginação:
Nuno Pinho

Impressão e acabamento:
Pentaedro
para
EDIÇÕES 70, LDA.
Janeiro de 2014

Todos os direitos reservados

EDIÇÕES 70, uma chancela de Edições Almedina, S.A.
Avenida Fontes Pereira de Melo, 31 – 3º C - 1050-117 Lisboa / Portugal
e-mail: geral@edicoes70.pt

www.edicoes70.pt

Esta obra está protegida pela lei. Não pode ser reproduzida,
no todo ou em parte, qualquer que seja o modo utilizado,
incluindo fotocópia e xerocópia, sem prévia autorização do Editor.
Qualquer transgressão à lei dos Direitos de Autor será passível
de procedimento judicial.

JOSÉ MEDEIROS FERREIRA
NÃO HÁ MAPA COR-DE-ROSA
A HISTÓRIA (MAL)DITA DA INTEGRAÇÃO EUROPEIA

ÍNDICE

I – Introdução 9

II – A I Guerra Mundial e a Proto-Integração Europeia 15
    A Proto-História da integração europeia de Portugal 21

III – As Consequências Económicas da Paz 35

IV – A Sociedade das Nações e a Organização
Internacional da Europa 43

V – O Plano Briand 55

VI – Da Autarcia à Nova Europa 63

VII – Propostas Alemãs Durante a II Guerra Mundial 73
    A Confederação Europeia 76
    Propostas da delegação alemã na Comissão do Armistício ... 78
    Desenvolvimento do projecto de Confederação Europeia ... 79
    Anexo (económico) do Acto da Confederação 81
    Como encaravam as autoridades portuguesas na
    altura essas promessas para uma Nova Ordem Europeia 82

VIII – Os Planos dos Aliados 89

IX – Não Há Mapa Cor-de-Rosa
(Sobre Portugal na Balança da Europa) 101
    Da negociação no ciclo europeu 115
    Sobre a mudança da mesa nas negociações europeias 119
    A República Portuguesa perante a mutação de objectivos
    na União Europeia 124

X – Conclusão 129

I

INTRODUÇÃO

Por circunstâncias políticas, das quais os historiadores nem sempre se conseguem livrar e que muitas vezes condicionam o seu campo de investigação, filia-se a génese do processo da organização internacional da Europa nos escombros da II Guerra Mundial. Às vezes ainda se recua até ao período do conflito armado, sobretudo através do testemunho de Jean Monnet. No seu livro de *Mémoires*[1], o autor retrata o esforço comum dos Aliados para «ultrapassar e bater a força material alemã» em dois capítulos: «As Armas da Aliança – 1938-1940» e «O Programa Para a Vitória – 1940-1943». Mas, segundo as suas palavras, a criação do Combined Production and Ressources Board (Comissão Conjunta para a Produção e Recursos) inspirou-se, por sua vez, nos Comités Inter--Aliados da I Guerra Mundial, uma experiência na qual o próprio Jean Monnet participara pessoalmente.

---

[1] Jean Monnet, *Mémoires*, Fayard, Paris, 1976.

A linhagem das experiências aliadas durante as duas guerras é importante a mais de um título e explica os laços que se foram tecendo entre a Grã-Bretanha, os EUA, a França da I Guerra Mundial e a França Livre da II Guerra, mas tem o senão de deixar de fora as experiências mais continentais de entre as duas guerras, que foram conduzidas por outros protagonistas e sob a inspiração de outras ideologias e interesses.

Ora, para se compreender a evolução política europeia é necessário seguir com maior sistemática os modos de relacionamento franco-alemão, antes, durante e após a II Guerra Mundial – do entendimento Briand-Stresemann (1926-1929) aos termos da I Convenção do Armistício entre Pétain e Hitler, de 1940 (nomeadamente os seus aspectos económicos e financeiros), e ao Plano Schuman sobre o carvão e o aço de 1950, passando pelos planos aliados de ocupação da Alemanha, relevadas as diferenças de regimes e contextos históricos. Mas sem se levantar esse «interdito» da política internacional, quase nada se pode entender do passado da integração europeia, e ainda menos dos seus possíveis futuros.

Com efeito, toda essa possível filiação da génese da integração europeia ficou soterrada após a derrota das potências do Eixo. Ergueu-se o discurso de Winston Churchill, pronunciado na Universidade de Zurique a 19 de Setembro de 1946, assim como o discurso de George Marshall, em 5 de Junho de 1947 na Universidade de Harvard, como os alicerces verbais da organização internacional da Europa. Por vezes os franceses recordam os planos de reconstrução económica de Hervé Alphand (1943) como inspiradores da integração europeia. Tudo muito politicamente correcto e mesmo um tudo nada nacionalista...

Segue-se a versão oficiosa do nascimento da ideia europeia com o Congresso de Haia, de 10 de Maio de

1948, o Plano Schuman, de 9 de Maio de 1950, que dará origem à Comunidade Europeia do Carvão e do Aço (CECA) e depois tudo converge para o paradigma da Alta Autoridade e para o Tratado de Roma de 1957 que criou a Comunidade Económica Europeia (CEE). Não se estabelece nesse quadro nenhuma correlação com a questão alemã e com a ausência de qualquer Tratado de Paz na frente ocidental.

É verdade, mas está longe de ser toda a verdade.

O propósito deste trabalho é o de salientar que a organização internacional da Europa encontra, no período de entre duas guerras, outras raízes e ramos, aparentemente secos, mas que podem ser observados.

Em termos cronológicos deve-se começar pela experiência dos Comités Inter-Aliados durante a I Guerra Mundial, pelas consequências económicas desta, e pelo estudo dos planos europeus no período de entre duas guerras, nomeadamente a aproximação franco-alemã entre 1925 e 1930, as questões europeias levantadas no seio da Sociedade das Nações até à eclosão da II Guerra Mundial, e os acordos económicos e financeiros durante este conflito.

A II Guerra Mundial deve servir de campo de observação para os dois registos maiores da concertação entre nações: quer o campo das políticas aliadas, quer o campo hegemonizado pelas potências do Eixo sob a bandeira da Nova Ordem Europeia. No pós-guerra sublinhar-se-á os planos de ocupação da Alemanha pelos Aliados e a sublimação desses planos pela criação de autoridades transnacionais que estarão na origem da CECA e da própria CEE. Sem essa dialéctica com as autoridades alemãs ocidentais como Konrad Adenauer, nada de substancial se pode entender sobre as comunidades europeias como um «projecto de paz», e tudo se situa num discurso mais ou menos ingénuo sobre «a comunidade de destino», um conceito com um curioso percurso.

As duas guerras mundiais, sendo guerras europeias clássicas, não são guerras civis europeias. O conceito de guerra civil europeia é mais um par de óculos coloridos para quem tem muito que pedir perdão ou que se fazer perdoar. Nenhuma dessas guerras rompeu com qualquer pacto constitucional interno, nem tentou seriamente um objectivo de «casa comum» para os beligerantes engalfinhados. Nada as distingue das guerras anteriores salvo os massacres das populações civis e o grau de destruição material.

As duas guerras mundiais, não sendo guerras civis europeias, estiveram, no entanto, na origem de grandes passos em frente no estabelecimento de políticas intergovernamentais a nível europeu. Deste ponto de vista, os diferentes sistemas de alianças em confronto ultrapassaram o nível militar da conduta da guerra para se situarem num plano estratégico mais geral.

Este livro acentua a origem das comunidades europeias na transição entre os planos de ocupação militar aliada da Alemanha e a constituição da R.F.A., nas limitações impostas à Alemanha relativamente à produção industrial, sobremaneira à siderurgia, e na disputa levada a cabo por Konrad Adenauer, a partir de 1949, de um estatuto internacional para a Alemanha Ocidental nas negociações sobre o carvão, o aço e a energia. Mais de 60 anos depois ainda se subalterniza o papel activo de Adenauer ao recusar sentar-se junto da Autoridade Internacional da região do Ruhr e ao promover o Acordo de Petersberg de 22 de Novembro de 1949 que constitui o início de uma aceitação internacional suficiente, pelos Aliados, das autoridades de Bona para fazer entrar a Alemanha Ocidental no Conselho da Europa, nos benefícios do Plano Marshall – que levou o chanceler a depois participar na referida Autoridade Internacional do Ruhr.

Por razões políticas datadas é ainda a «Declaração Schuman» de 9 de Maio de 1950 que é realçada nos manuais da história mais ou menos oficial da constituição das comunidades europeias, nomeadamente a CECA. Mas sem se realçar a real origem da CECA, e depois da CEE, não se pode perceber nem metade da história da integração europeia depois da II Guerra Mundial, nem, muito menos, o futuro da União Europeia depois da reunificação da Alemanha.

Um dos malefícios dessas histórias promovidas por gabinetes de informação, por fundações, por universidades com as suas «cátedras» de estudos europeus, por inúmeros colóquios e conferências é não facilitarem uma real capacidade de conhecimento sobre a génese, as políticas, os métodos de negociação, as mudanças de objectivos da União Europeia e suas janelas como a Zona Monetária, o Eurogrupo, o ECOFIN, assim como sobre as verdadeiras raízes do eixo franco-alemão.

A segunda parte do livro é dedicada à estadia da República Portuguesa na Comunidade Europeia. Intitulei-a «Não há mapa cor-de-rosa» como aviso contra o fútil espírito dos que procuram sempre uma saída utópica e messiânica para as dificuldades do dia. Como escreveu Mouzinho da Silveira em 1834, depois do fim da escravatura a economia portuguesa ficou sem muitos produtos para comerciar…

Esta parte divide a análise histórica destas «décadas da Europa» com algumas questões da actualidade. Sem se perceber o que se passa na UE, andamos à deriva. E para perceber o que se passa na UE é preciso arredar a forte e densa dogmática erguida à sua volta, a começar pelo culto dos mitos fundadores. Faz algum sentido que o edifício que alberga, em Lisboa, os gabinetes da Comissão e do Parlamento Europeu seja conhecido como «Edifício Jean Monnet»? Não haveria um nome português para o efeito?

O estudo das grandes decisões portuguesas no âmbito da participação nas Comunidades Europeias está por fazer no que respeita aos objectivos, interesses gerais ou sectoriais, resultados e consequências das negociações. Só se detecta uma persistente anemia estratégica. Ainda por cima, uma das características da União Europeia é a transformação frequente de objectivos e a mudança, mais ou menos discreta, da mesa das negociações, e dos participantes nas decisões, quantas vezes cifradas para o presente e só reveladas mais tarde na execução! Há uma crise de confiança entre os Estados-membros da União Europeia.

II

A I GUERRA MUNDIAL E A PROTO-INTEGRACÃO EUROPEIA

Em trabalhos de reflexão e análise sobre a integração europeia de Portugal, começo sempre por recuar até à participação na I Guerra Mundial, a proto-história dessa política e da própria integração europeia, através da constituição dos Comités Inter-Aliados promovidos em Londres. Convém aqui recordar que jamais as operações militares em Angola e em Moçambique, entre 1914 e 1915, quebraram o estatuto de neutralidade de Portugal, nem a Alemanha encontrou motivo para grandes hostilidades. Basta dizer que ambos os países mantiveram as relações diplomáticas intactas, com os embaixadores residentes nas respectivas capitais. As colónias africanas vistas de Lisboa e de Berlim não deram motivo à quebra das relações mútuas. Berlim limitara-se, até 1916, a apresentar algumas notas sobre a interpretação flexível que Lisboa fazia do seu estatuto de neutralidade.

Porém, o pedido da Grã-Bretanha para que a República Portuguesa considerasse «boa presa» os navios alemães surtos nos portos nacionais ao abrigo do estatuto de neutralidade, e a execução desse pedido pelas autoridades portuguesas, em Fevereiro de 1916, desencadearam a Declaração de Guerra a Portugal por parte da Alemanha, no mês de Março.

O que as escaramuças militares em África não conseguiram durante dois anos fê-lo num mês a questão dos transportes marítimos em 1916, no Atlântico Norte.

Não há melhor critério para se aquilatar da importância das coisas e dos teatros de operações do que estes factos simples, mas tremendamente eloquentes.

Com efeito, os países neutrais podiam usar os meios de transporte dos beligerantes surtos no seu território, caso as necessidades de reabastecimento da sua população assim o determinassem. Basta folhear a imprensa portuguesa publicada nos primeiros meses de 1916 para se verificar como esse problema do reabastecimento se tornou numa questão social e política de grande actualidade em Portugal, e de grande utilidade para a Grã-Bretanha.

O que Londres pediu a Lisboa em Fevereiro de 1916, também os Aliados, e sobretudo Washington, irão demandar no último ano da guerra (1918) a outros países neutros como a Dinamarca, Holanda, Noruega, Suécia, e até o Brasil, que acabaram todos por requisitar os barcos alemães surtos nos seus portos, conseguindo assim aumentar significativamente a tonelagem da marinha mercante ao serviço do Comité dos Transportes Inter--Aliados. Enquanto o precedente português foi empregue nos comboios de reabastecimento de bens alimentares, carvão e equipamento militar ou máquinas, já essas requisições de 1918 serviram sobretudo para transportar as tropas norte-americanas para a frente europeia. Sem um pouco de história comparada não é possível entender a inserção e o comportamento dos governos da I República durante a Grande Guerra em termos da guerra europeia. E somos carentes de relacionamento com a história geral contemporânea numa perspectiva comparada. A perspectiva comparada não permite, de uma forma geral, a exaltação de mitos das histórias nacionais...

Ora, o problema dos transportes marítimos e do reabastecimento dos Aliados dera origem à constituição de Comités Inter-Aliados para os transportes, os abastecimentos, a energia e o carvão, numa experiência, forçada pelas necessidades da guerra, de organização de políticas comuns e de redistribuição de bens colocados em *pool* pelos Aliados, numa versão antecipada do que seriam as «altas autoridades» para o carvão e o aço depois da II Guerra Mundial.

Basta citar o nome de um dos organizadores desses Comités Inter-Aliados durante a I Guerra Mundial para se perceber porque se pode entroncar aí a proto-história da integração europeia neste particular.

Jean Monnet, nas suas *Mémoires*, descreve com o maior detalhe a constituição de certos Comités Inter-Aliados, como o do trigo, o dos óleos, o dos cereais, o do açúcar, o da carne e o dos nitratos, que considera os antecessores do mais importante, o Comité Inter-Aliado dos Transportes Marítimos[2].

Pois foi a organização dos transportes marítimos aliados a expressão mais importante dessa proto-história das futuras Altas Autoridades para o carvão e o aço. E Portugal participou nessa génese desde Fevereiro de 1916, com a requisição dos navios das potências centrais surtos nos portos marítimos, ainda numa base de mero

---

[2] Jean Monnet, *Mémoires*, Fayard, Paris, 1976, p. 79.

entendimento bilateral entre Londres e Lisboa para a distribuição da tonelagem apreendida.

Também convém ter em atenção que em 1916, quando Portugal entrou na guerra, e durante grande parte de 1917, os EUA eram neutros (até Abril) e só enviaram tropas para o continente mais tarde. Até à chegada das tropas norte-americanas todos os homens eram poucos para a conduta de guerra, expressa numa utilização intensiva de soldados por parte dos estados-maiores, com altíssimas taxas de baixas humanas nas operações destinadas a romper o imobilismo da «guerra de trincheiras».

As desgraças e as imagens sobre o destino das tropas portuguesas na Flandres foram objecto de uma visão sincrética, que não teve em conta o antes e o depois da chegada das tropas norte-americanas, que efectivamente relegaram para um plano secundário a contribuição militar portuguesa no ano decisivo de 1918. Mas a importância decisiva da frota marítima cedida à Grã-Bretanha manteve-se.

Jean Monnet traça sinteticamente essa importância crescente do Comité Inter-Aliado dos Transportes Marítimos: «Mas o comité dos transportes abria uma dimensão nova: iria controlar todos os navios aliados e neutros, as suas características, os seus movimentos e o seu carregamento. Esse inventário permanente só era concebível graças à poderosa rede de informações que Salter (Arthur) dinamizava (…). Pela primeira vez, um instrumento de conhecimento e de acção económicos de grande envergadura funcionaria entre vários países (…). Era possível imaginar, (…) que um sistema deste tipo serviria em seguida como regulador da vida internacional.»[3]

---

[3] *Ibidem*, p. 79 (pag. 68). Ver também, Arthur Salter, *Allied Shipping Control*.

E o transporte das tropas americanas para o teatro de guerra europeu torna-se absolutamente prioritário em 1917-1918.

Monnet explica tudo num traço: «Doravante, o transporte das tropas americanas tornava-se absolutamente prioritário. É certo que os Estados Unidos tinham declarado guerra à Alemanha a 6 de Abril de 1917, mas, no final de Março de 1918, os seus efectivos presentes na Europa não ultrapassavam trezentos e cinquenta mil homens. Ora, no dia do Armistício estavam em França mais de dois milhões. Foi preciso produzir-se um milagre no domínio dos transportes, milagre que permitiu que, entre Maio e Outubro, duzentos e sessenta mil americanos atravessassem todos os meses o Atlântico, com o número *record* de trezentos e onze mil homens no mês de Julho. A construção naval nos EUA só a partir do verão começou a dar o seu contributo. Em contrapartida, a requisição e a reparação de barcos alemães que se encontravam nos portos americanos e as negociações com os países neutros, tais como a Dinamarca, a Suécia, a Noruega, a Holanda, o Brasil, aumentaram os recursos em capacidade de carga dos Aliados.»[4]

O autor resume: «Assim, sob o efeito das circunstâncias que não nos tinham surpreendido, o *pool* dos transportes tornara-se o centro vital de toda a economia de guerra.»[5]

Quanto de «economia de guerra» não haverá na integração económica europeia!

A importância desses Comités Inter-Aliados ainda se percebe melhor se tivermos em conta que uma parte significativa dos funcionários internacionais que vão servir

---

[4] Jean Monnet, *Memórias*, Lisboa, Ulisseia, 2004. p. 69.
[5] *Ibidem*, p. 71.

no futuro a Sociedade das Nações (SDN), fizeram o seu estágio nesses Comités durante a guerra.

Com efeito, Eric Drummond, o primeiro Secretário-Geral da SDN, recrutou os seus colaboradores por entre os que serviram nos Comités Inter-Aliados durante a Guerra. Só o Comité Inter-Aliado dos Transportes Marítimos forneceu funcionários internacionais de grande relevância como Sir Arthur Salter, que tinha sido o seu presidente e ficou com a direcção da Secção Económica e Financeira do secretariado, enquanto o professor italiano Attolico foi nomeado Secretário-Geral adjunto. Como, aliás, o foi também Jean Monnet.

Muitos dos funcionários desses Comités Inter-Aliados durante a I Guerra Mundial transitaram para o Secretariado da Sociedade das Nações – o órgão internacional por excelência desta instituição universal.

Uma das obras clássicas sobre o papel do Secretariado da Sociedade das Nações foi a tese de doutoramento do grego Jean Siotis[6] sobre o aparecimento do funcionalismo público internacional.

Nesse trabalho universitário pioneiro puxa-se a meada da criação e recrutamento das grandes figuras do funcionalismo internacional em que assentaram a SDN e a ONU, que se juntaram aos grandes organismos europeus como a Comissão Europeia do Danúbio, vocacionada para fiscalizar e garantir a livre navegação nos grandes rios, como ficara estabelecido desde o Congresso de Viena em 1815.

---

[6] Jean Siotis, *Essai sur le Secrétariat International*, Publications de l'Institut Universitaire des Hautes Études Internationales, Genève, 1963.

A Proto-História da integração europeia de Portugal

A entrada da República Portuguesa na I Guerra Mundial, em Março de 1916, também se ficou a dever à organização internacional do esforço de guerra aliado, e à necessidade de, por algum meio, obter recursos exógenos para o crescimento da economia portuguesa, muito carente de investimentos e de recursos financeiros do exterior, tendo em conta sobretudo a baixa taxa de poupança interna.

A República Portuguesa cedo percebeu que necessitaria do contributo de capital externo para o seu desenvolvimento económico e equilíbrio orçamental, desde a época do comércio colonial ao recurso a empréstimos externos, prática comum que atravessou o século XIX.

São muito discutíveis os objectivos que levaram a República Portuguesa a entrar nas operações militares durante a I Guerra Mundial, mas um desses objectivos foi sempre claro e constante: Portugal ganhava, com a beligerância ao lado dos Aliados, o direito a participar na futura Conferência de Paz que regularia a organização da sociedade europeia e mundial depois da guerra. E, com efeito, mal soa o Armistício a 11 de Novembro de 1918, anuncia-se a convocação de um congresso para Paris a fim de elaborar o Tratado de Paz com os Estados vencidos. A 27 de Novembro, Sidónio Pais dá posse à delegação portuguesa, presidida por Egas Moniz e composta pelos doutores Santos Viegas, Espírito Santo Lima, coronéis Eduardo Marques e Freire de Andrade, o capitão-tenente Botelho de Sousa, entre outros. O Estado português estará presente na Conferência de Paz, alcançando assim o seu mais constante objectivo de guerra. Foi o último congresso internacional desse género em que Portugal participou como potência vencedora.

Se exceptuarmos a tentativa, de resto infrutífera, do presidente Wilson, em Dezembro de 1916, de recolher os objectivos de guerra dos beligerantes para tentar uma mediação entre eles (eram ainda neutrais os EUA), só durante a Conferência de Paz em Paris foi possível entender finalmente os reais objectivos das potências. No caso português, a determinação desses objectivos seria ainda mais relevante, pois só havia um documento governamental, datado de Janeiro de 1917, em que se adiantavam alguns «motivos» da entrada em guerra e do envio do Corpo Expedicionário Português para o teatro europeu. Por outro lado, o Governo de Sua Majestade Britânica não tinha considerado conveniente que o Governo da República Portuguesa se juntasse à Declaração Aliada de Londres, datada de Setembro de 1914, que estabelecera os pontos litigiosos e o compromisso de nenhum dos Aliados estabelecer uma paz separada com os impérios centrais. Em termos internacionais, e fora a questão, já resolvida militarmente, da recuperação aos alemães do «Triângulo de Quionga», no Norte de Moçambique, pouco sabiam as potências principais sobre os interesses portugueses. Basta consultar os documentos preparatórios da Conferência[7].

Está assim colocada a questão dos objectivos da República Portuguesa na Conferência de Paz de Paris de 1919.

Esses objectivos encontram-se enunciados por Sidónio Pais e Egas Moniz, em Dezembro de 1918, e pelo novo Presidente da República, almirante Canto e Castro, em Janeiro de 1919. A mudança na chefia da delegação nacional, a 17 de Março de 1919, com a chegada a Paris de Afonso Costa, veio introduzir um momento de avaliação

---

[7] José Medeiros Ferreira, *Portugal na Conferência de Paz*, Queztal, Lisboa, 1992.

dos objectivos passíveis de serem atingidos, período de reflexão ajudado pelo menor ritmo da conferência, motivado pela ausência do presidente Wilson, que viajara até aos EUA. Para definição dos reais objectivos portugueses também se deve ter em conta a série de entrevistas que sobretudo Afonso Costa efectuou com os representantes das «principais potências», como Lorde Balfour e Lorde Milner, Eric Crowe e Robert Cecil da Grã-Bretanha, o MNE francês Stephen Pichon, e o presidente dos EUA, W. Wilson, e como essas potências avaliavam os propósitos da República Portuguesa. Muito activos estiveram ainda os militares presentes em Paris, general Norton de Matos, coronel Vitorino Godinho, e, desde o início, o comandante Botelho de Sousa, que apresentaram sucessivas representações sobre a distribuição de material de guerra para os respectivos ramos.

O documento mais sistemático sobre a estratégia da delegação portuguesa na Conferência de Paz tem cinco páginas dactilografadas, foi recebido em Paris, a 23 de Janeiro de 1919, e é assinado pelo contra-almirante Canto e Castro, que sucedera a Sidónio Pais como Presidente da República. Nele se afirma que «para os países como Portugal, de diminuta força territorial e demográfica na Europa, de grande e disperso domínio colonial, os debates da Conferência de Paz serão de importância excepcional pela multiplicidade da sua repercussão nos interesses nacionais (…). Por outro lado, todos ou quase todos os assuntos que venham a ser debatidos na Conferência deverão ser estudados pelos delegados portugueses com meticuloso cuidado». Insistindo na necessidade «de uma firme, estreita e leal cooperação com os seus colegas ingleses» por parte dos delegados portugueses, o PR interino dedica uma larga parte das suas instruções aos aspectos económicos e comerciais, assim como à nova fase da Organização Mundial do Trabalho que estará na origem do Bureau Internacional do Trabalho (BIT), determinando que Portugal devia acompanhar os Aliados, «salvaguardando os seus interesses, mas evitando sempre o isolamento», quer na politica comercial, quer «nos assuntos relativos à legislação internacional do Trabalho e Indústria», tendo em conta os «apoucados recursos do Orçamento do Estado». As instruções tornam-se mais precisas quando se chega «ao ajuste de contas com os agressores», dos quais só se pretende uma «justa reparação». Compreende essa «justíssima reparação»:

«1. A indemnização dos prejuízos morais e materiais sofridos pelo Estado e pelos particulares nas colónias africanas – em resultado das incursões ou dos levantamentos indígenas provocados pelos alemães.

2. A indemnização pelos prejuízos havidos nos bombardeamentos do Funchal e dos Açores.

3. A restituição dos valores dos navios e cargas afundados ilegitimamente pelos submarinos alemães.

4. A restituição da propriedade e valores portugueses existentes em território inimigo com os respectivos danos e destruições.

5. O pagamento das despesas com a guerra feitas por Portugal na Europa e nas suas colónias africanas.»

Se se reparar bem são todas reivindicações de carácter material ou traduzíveis em termos financeiros. Pura diplomacia económica.

Além disso, Canto e Castro frisa explicitamente que Portugal não deseja nenhum alargamento territorial, tanto mais que a recuperação de Quionga, perdida para a Alemanha em 1894, era um facto consumado em resultado das operações militares efectuadas no Norte de Moçambique.

A manutenção da integridade dos territórios coloniais apresenta-se como um objectivo já atingido antes da Conferência de Paz mas será exaltada politicamente durante o processo de ratificação parlamentar do Tratado de Versalhes, no início dos anos 1920, para convencer os críticos da entrada na guerra e os reticentes do Tratado de Paz. Durante os trabalhos da Conferência a grande preocupação é financeira, o que se harmoniza com as necessidades estruturais do país. Lê-se no referido documento:

«Cumpre aos delegados portugueses pôr em relevo a situação financeira e económica de Portugal, que na falta destas justas reparações seria pior do que a dos povos vencidos.»

Nesse sentido abunda um apontamento de um diplomata do Foreign Office, datado de 19 de Maio de 1919, sobre os objectivos portugueses:

«O seu único ponto em Paris foi que Portugal necessita de ajuda financeira de uma forma ou de outra. A reivindicação sobre o Triângulo Rovuma é bastante insignificante e foi a única reclamação territorial que fizeram. Se lhe negarmos a reparação monetária e cortarmos o empréstimo, penso que poderemos criar uma situação muito grave.» [8]

A prioridade dos objectivos financeiros de Portugal foi, assim, claramente reconhecida pela diplomacia britânica que conhecia muito bem os passos da portuguesa.

---

[8] Ver para todas as citações José Medeiros Ferreira, *Portugal na Conferência de Paz.*, Lisboa, Quetzal, 1992. «Their one point in Paris has been that they want financial help somehow or other. Their claim for the Rovuma Triangle is quite insignificant and is the only territorial claim they have made. If we deny them reparation money and cut loan I think a very serious situation will ensure».

Os diferentes ramos das Forças Armadas estiveram também muito activos nos trabalhos preparatórios da Conferência, apresentando estudos e propostas para o seu reequipamento, quer através da distribuição de armamento de guerra alemão, quer pela aquisição de material e equipamento dos Aliados, abundantes depois do conflito.

A delegação portuguesa, que acabará por ter dois representantes nos trabalhos, fará parte de duas das principais comissões: a da criação da Liga das Nações que elaborará o Pacto, e a Comissão de Reparações, que acabou por ser a mais importante para os objectivos portugueses de captar meios materiais para o seu desenvolvimento económico interno, dada a insuficiente taxa de poupança interna para investimentos. Isso mesmo é explicitado por Afonso Costa na acta da reunião da delegação, de 5 de Maio de 1919, realizada no Hotel Campbell, quando se pronuncia sobre as cláusulas financeiras, sublinhando que «a parte do Tratado que se refere a Reparações é a que lhe parece mais importante»[9].

É certo que Afonso Costa está habilitado para saber que do ponto de vista jurídico internacional «'reparação' não é uma palavra técnica». Mas, como se explicita sabe-se bem o que significa. É compensar as perdas que a parte prejudicada sofreu por actos injustos (*wrongful*) e as suas naturais consequências[10].

Também no Parecer nº 402, de 30 de Janeiro de 1920, sobre a Proposta de Lei nº 329-B para a ratificação do

---

[9] Duarte Ivo Cruz, *Estratégia Portuguesa na Conferência de Paz – As Actas da Delegação Portuguesa*, Lisboa, FLAD, 2009, p. 274.

[10] MNE, A-6; M-63, Conferência de Paz, *Princípios de Reparação Apresentados pela Delegação Britânica e que a Delegação Portuguesa Faz Seus*, Paris, 30 de Abril de 1919, 12 páginas.

Tratado de Paz, o relator da Comissão Parlamentar, o jurisconsulto Barbosa de Magalhães, não tem dúvidas em afirmar que «o artigo 231º firma o princípio das reparações que, essencialmente, nos interessa». Essas reparações, segundo o referido Parecer, podem ser divididas em duas categorias: as que interessam aos particulares e as que interessam «directamente o Estado e vão representar um alívio nos seus orçamentos». Maior consciência dos objectivos prosseguidos não era possível.

Barbosa de Magalhães, o futuro advogado da República Portuguesa no diferendo com a Alemanha a respeito do pagamento das indemnizações, não tem qualquer dúvida, como relator parlamentar, em afirmar que «o Governo tem o direito de reter os bens alemães situados em território português para se reembolsar do montante dos danos causados pelos ataques alemães em território nacional».

Sendo certo que «a parte do Tratado relativa a matéria económica é das que mais nos interessam» desde a protecção das marcas de vinhos regionais à liquidação dos bens inimigos e à apropriação de todos os navios apresados:

«Quanto aos navios alemães que constituem hoje a parte mais importante da nossa frota de comércio, factor primacial do ressurgimento económico do país, a Alemanha, pelo artigo 440º do Tratado, reconhece como válidas e obrigatórias todas as sentenças dos tribunais de presas, renunciando a qualquer reclamação contra elas, o que significa que a legitimidade da posse desses navios é, hoje, incontestada.»[11]

---

[11] Proposta de Lei nº 329-A de 30 de Janeiro de 1920, *Diário da Câmara dos Deputados*, 30 de Março de 1920.

A Conferência de Paz, seguindo as decisões do Conselho Supremo dos Aliados, em lugar de fixar logo o montante das indemnizações a pagar pela Alemanha a todas e a cada uma das potências, limitou-se a consignar o princípio da responsabilidade daquela pelos artigos 231º e 232º do Tratado e remeteu para uma entidade especial, a Comissão das Reparações, a fixação das quantidades, modalidades e prazos para o pagamento destas. Refira-se que a figura consagrada nos princípios do direito público internacional era o da indemnização por actos causadores de danos a outros Estados.

E foi assim que o parlamento português ratificou o Tratado de Paz em Abril de 1920, ainda sem saber ao certo os montantes que seriam atribuídos à República Portuguesa, mas já Keynes havia publicado o seu manifesto sobre as consequências económicas da Paz, em 1919.

No percurso da ratificação parlamentar do Tratado de Versalhes estão bem patentes os objectivos económicos e financeiros que a República Portuguesa pretende prosseguir no imediato: «O Tratado de Paz constitui-nos credores da Alemanha por uma avultadíssima quantia, a título de reparações (...). O crédito sobre a Alemanha abre possibilidades enormes à solução do nosso problema financeiro».[12]

Com efeito, na Conferência de Spa em Julho de 1920, foi fixado o total das indemnizações a pagar pela Alemanha na cifra de 6600 milhões de libras. Caberia à República Portuguesa receber 0,75% dessas reparações, ou seja, 49,5 milhões de libras: o dobro da dívida de guerra contraída junto do Banco de Inglaterra. A mesma

---

[12] Proposta de lei nº 329-B, *Diário da Câmara dos Deputados*, 30 de Março de 1920.

percentagem foi atribuída ao Japão, Grécia, Roménia e Jugoslávia, aliados na conjuntura.

Os contratempos entretanto somaram-se, pois os ingleses recusaram-se a ligar o pagamento da dívida de guerra de Portugal à execução concreta das reparações pelos alemães. A isso acrescia o modo de pagamento das reparações pela Alemanha mediante mercadorias, o que implicava atrasos e dificuldades de apuramento dos valores transaccionados.

O longo processo da questão internacional do pagamento das reparações de guerra pela Alemanha não entra aqui nos nossos propósitos, mas deve sublinhar-se que a diplomacia portuguesa manteve, até ao início da década de 30, uma actuação que a coloca mais ao lado dos franceses e belgas do que dos anglo-saxões.

Os objectivos materiais da participação na Grande Guerra acentuam-se perante as dificuldades financeiras, cambiais e orçamentais da República durante a década de 20.

Em 1921, a Comissão de Reparações Aliada apresentou à Alemanha um plano para o pagamento da dívida, prevendo o seu pagamento em 42 anuidades. Ora, a Alemanha irá desenvolver todos os esforços para evitar os pagamentos nos prazos e modalidade reclamados.

A primeira forma de reparação recebida pela República Portuguesa foi a da distribuição da frota mercante alemã, que o próprio Maynard Keynes defendera ainda em Abril de 1919.

Neste contexto do desmantelamento da frota naval germânica, todos os navios com tonelagem superior a 1600 toneladas seriam repartidos entre os Aliados[13].

---

[13] Relatório de William Rappard ao Chefe de Departamento de Política, F. Calondes, datado de Paris, 29 de Abril de 1919, in *Documents*

Acresce que a República Portuguesa havia requisitado à Alemanha os navios surtos nos portos nacionais, a pedido da Inglaterra, que invocou a Aliança, num total de 158 773 toneladas brutas, sendo que 77 731 toneladas se mantiveram ao serviço de Portugal e as restantes foram facultadas à Inglaterra para ficarem sob a alçada do futuro Comité Inter-Aliado dos Transportes Marítimos. Esses navios foram, depois de requisitados, considerados «boa presa», tendo o próprio Tratado de Versalhes, no artigo 440º, obrigado a Alemanha a reconhecer como válidas e obrigatórias todas as sentenças dos Tribunais de Presas.

Nesta conformidade, os navios alemães apresados passaram a constituir o grosso da Marinha Mercante portuguesa. Em 1920 foram assim criados os Transportes Marítimos do Estado, que seriam privatizados em 1924, sendo a respectiva frota redistribuída pela Companhia Nacional de Navegação, Companhia Colonial de Navegação, Empresa Insulana de Navegação e Carregadores Açorianos.

Entre o Plano Dawes (1924) e o Plano Young (1929), que tentaram regular os prazos e modos de pagamento das reparações, Portugal segue a via arbitral para as divergências com a Alemanha acerca das indemnizações por prejuízos causados desde 31 de Julho de 1914. A primeira *Memória*, da responsabilidade do professor da Faculdade de Direito de Lisboa Barbosa de Magalhães, foi entregue ao árbitro internacional suíço Gustave Ador, em Dezembro de 1921. Em 1923 é entregue nova *Memória* com base em três categorias de prejuízos: prejuízos causados pelos ataques alemães em África; prejuízos causados a nacionais portugueses na Bélgica, sob a ocupação alemã; prejuízos

---

Diplomatiques Suisses 1848-1945, vol. 7 (1918-1919), Berna, 1979, p. 735.

causados em consequência dos ataques submarinos, ou em consequência do afundamento de navios transportando mercadorias portuguesas[14].

Em 1924, o governo alemão, na sua *Réplica*, pretende um acordo luso-alemão amigável, por via diplomática e sem recurso às vias judiciais, mas a estratégia portuguesa manteve-se fiel à resolução internacional do conflito pela via arbitral.

Como defendeu Maria Inês Queiroz, na sua tese de mestrado *Portugal e as Reparações de Guerra (1919-1933)*, «O caminho judicial constituía assim uma opção claramente portuguesa, ao passo que o acordo diplomático resultaria em maior benefício para a Alemanha.»[15]

Contudo, a querela estende-se no tempo, e só em 1926 se realizam as audiências das partes litigiosas em Lausanne. Em Portugal dá-se a viragem de regime político, mas a ditadura militar mantém, neste campo, a estratégia externa da República de captar meios financeiros para o desenvolvimento interno. Em Dezembro de 1927, em pleno processo do aval ao empréstimo pela SDN, Gustave Ador propõe a substituição do Árbitro Único por um Tribunal Arbitral, tendo em conta o peso e a complexidade do litígio.

A primeira sentença arbitral é proferida a 31 de Julho de 1928 e respeita apenas à determinação da responsabilidade alemã e à validade das reclamações portuguesas.

O montante ainda devido pela Alemanha será fixado, a 30 de Junho de 1930, através de sentença arbitral, na

---

[14] Barbosa de Magalhães, *Mémoire justificatif des réclamations portugaises sur les dommages auxquels se rapporte le f4.e, de l'annexe à l'article 298 du Traité de Versailles*, 1923.

[15] Maria Inês Queiroz, *Portugal e as Reparações de Guerra (1919-1933)*, trabalho de Mestrado, FCSH-UNL, Policopiado, Lisboa, 2003, p. 20.

soma de 48 226 468 30 marcos-ouro a pagar aos reclamantes portugueses.

Ora, por essa mesma altura, discutia-se, a nível internacional, em Haia, um novo plano de substituição das anuidades definidas por Dawes, que ficaria conhecido por Plano Young, e onde mais uma vez se suavizava o modo de pagamento das reparações da I Guerra Mundial pela Alemanha, dilatando então as anuidades até 1988.

A delegação portuguesa assinou o protocolo final do Plano Young em Janeiro de 1930, ressalvando que ainda tinha a receber indemnizações da Alemanha no âmbito de actos danosos praticados em Angola e Moçambique. Mas a República Portuguesa acabaria por aceitar, a 16 de Fevereiro de 1933, que a Alemanha não teria de fazer outros pagamentos a Portugal que os derivados do Plano Young e da Conferência de Lausanne, realizada em Junho de 1932, que substituíra o conceito de reparações por uma soma que a Alemanha devia versar para a reconstrução económica da Europa.

Entretanto, a Grã-Bretanha pressionava o governo português para que pagasse a dívida de guerra contraída para o efeito por suprimentos do Banco de Inglaterra

«Em 31 de Dezembro de 1926 foi assinado em Londres entre os ministros das Finanças do Reino Unido e de Portugal um acordo nesse sentido. O Reino Unido aceitou cancelar mais de três milhões de libras da dívida (dos juros de mora), reduzindo assim o montante em cerca de 20 milhões, e aceitou sobretudo receber apenas cerca de 24 milhões de libras em prestações semestrais escalonadas até 1988.»[16]

---

[16] Nuno Valério, *O Escudo – A Unidade Monetária Portuguesa 1911-2011*, Lisboa, Banco de Portugal, s.d., p. 120.

Este acordo foi ratificado pelo Decreto-Lei nº 13001, de 3 de Janeiro de 1927, em plena ditadura militar.

Em suma, sem levar em conta as diferenças jurídicas entre dívida, reparações e indemnizações de guerra, o Estado português veio a receber cerca de 5 milhões de libras da Alemanha.

O modo como decorreu a execução das reparações e indemnizações de guerra frustrou muitíssimo as esperanças dos que tinham apoiado a entrada de Portugal na Grande Guerra europeia, mais como factor do seu futuro desenvolvimento e inserção na organização internacional do que como meio facultativo para manter as possessões coloniais que, com excepção da Alemanha, nenhum país europeu então perdeu.

A República ficou pois suspensa da possibilidade de contrair mais empréstimos financeiros nas praças estrangeiras, ou de ter de sacrificar o Estado e os portugueses para conseguir equilibrar as contas públicas. Essa alternativa gerou duas mudanças de regime político entre 1926 e 1933[17].

Retome-se o plano multilateral europeu e internacional: as consequências da I Guerra Mundial obrigaram a uma reflexão sobre o melhor modo de organizar internacionalmente o continente europeu.

---

[17] José Medeiros Ferreira, *Cinco Regimes na Política Internacional*, Lisboa, Editorial Presença, 2006, pp. 44-47.

III

AS CONSEQUÊNCIAS ECONÓMICAS DA PAZ

Este é também o título do célebre requisitório de John Maynard Keynes contra os termos do Tratado de Versalhes, talvez o texto mais crítico do modo de encarar o futuro da questão europeia no período de entre duas guerras.

Nesse pequeno livro há uma concepção económica de Keynes sobre o continente europeu entre um antes e um depois da I Guerra Mundial. Antes, a «Europa formava um bloco compacto: França, Alemanha, Itália, Áustria, Holanda, Rússia, Roménia e Polónia respiravam em uníssono. As suas estruturas e civilização formavam uma unidade. Esses países prosperavam em conjunto, em conjunto foram lançados numa guerra, da qual a Grã--Bretanha ficou economicamente de fora (assim como a América, mas em menor grau), em conjunto todos esses países podem sucumbir». É aqui que a paz de Paris toma o seu significado destruidor. Se, no final da guerra europeia, «a França e a Itália vitoriosas abusam do seu poder ocasional para destruir a Alemanha e a Áustria–Hungria agora abatidas, elas próprias cavam a sua própria sepultura tendo em conta os laços intelectuais e económicos tecidos que as ligam fortemente às suas vítimas.»[18]

Era a *belle époque* do liberalismo e dos tratados de comércio: «O obstáculo das fronteiras e dos direitos aduaneiros estava reduzido ao mínimo. Cerca de 300 milhões de pessoas viviam dentro dos três impérios da Rússia, da Alemanha e da Áustria-Hungria. As moedas diversas, que estiveram todas ligadas por uma convertibilidade fixa ao ouro, e cada uma em relação às outras, facilitavam a circulação de capitais e do comércio, a tal ponto que só agora que perdemos este benefício podemos apreciar o seu valor.»[19]

O «benefício» assentava, porém, nas frágeis realidades dos impérios centrais, nomeadamente na perpetuação simbólica do poder de Viena sobre os territórios sob domínio imperial. O imperador Francisco José apresentava-se como «Sua Majestade o Imperador da Áustria e Rei Apostólico da Hungria, rei da Boémia, Dalmácia, Croácia, Eslovénia, Galícia, Lodoméria, Ilíria e Jerusalém, Arquiduque da Áustria, Príncipe da Transilvânia. Grão-Duque da Toscana e de Cracóvia, Duque de Lorena, Salzburgo, de Estíria, Caríntia e Carniola.»[20]

Eram muitos territórios sob um mesmo poder político burocratizado e apresentavam fortes desigualdades no seu desenvolvimento económico, o que levou ao aparecimento de várias escolas de economistas austríacos, que Keynes desprezou na sua síntese sobre o estado de

---

[18] J. Maynard Keynes, *As Consequências Económicas da Paz*, Introdução, tradução livre, 1919.

[19] *Ibidem*

[20] William M. Johnston, «El génio austro húngaro», in *História Social e Intelectual 1848-1938*, Ed KKK, Oviedo, 2009, p. 177.

harmonia económica dos impérios e entre impérios. Keynes não deu o seu melhor como especialista em relações internacionais.

Há melhores análises sobre a desintegração do burocratizado Império Austro-Húngaro no início do século XX. Um historiador como Norman Davies escreve: «the Austro-Hungarian Empire, would seem to be another example of implosion».[21]

Para Keynes o sistema económico europeu funcionava à volta da Alemanha:

«As estatísticas da interdependência da Alemanha e dos vizinhos são esmagadoras; a Alemanha era o melhor cliente da Rússia, da Noruega, da Holanda, da Bélgica, da Suíça, da Itália e da Áustria-Hungria; ela vinha em segundo lugar nas compras feitas à Grã-Bretanha, à Suécia, à Dinamarca, em terceiro para as compras feitas à França. Ela era a fonte de abastecimento mais abundante para a Rússia, a Noruega, a Suécia, a Dinamarca, a Holanda, a Suíça, a Itália, a Áustria-Hungria, a Roménia e a Bulgária; e a segunda para a Grã-Bretanha, a Bélgica e a França.

A Alemanha não se limitava a ter relações comerciais com esses Estados, ela também lhes fornecia uma grande parte dos capitais de que eles tinham necessidade para o seu próprio desenvolvimento. Ela tinha investido 500 milhões de libras na Rússia, na Áustria-Hungria, Bulgária, Roménia e Turquia, de um total de 1250 milhões de libras colocados no estrangeiro. (...)

---

[21] Norman Davies, *Vanished Kingdoms*, Penguin Books, Londres, 2011.

Toda a Europa situada a leste do Reno entrou assim na órbita industrial germânica e a sua vida económica foi moldada em consequência ...»[22].

A Keynes pouco importava o que sobre esse tipo de imperialismo financeiro haviam escrito economistas como Hobson, Hilferding, Max Adler, Otto Bauer, Kautsky e outros. A sua teoria política sobre a integração económica europeia assente em poderes imperiais evitava confrontos de opiniões com a sua neste livro-manifesto.

Keynes não se cansará de criticar o Tratado de Versalhes, sobretudo na parte respeitante às reparações e indemnizações impostas à Alemanha: «As cláusulas económicas do Tratado são suficientemente extensas para causarem o empobrecimento da Alemanha no presente e para impedirem o crescimento futuro. Colocada em tal situação, a Alemanha deve proceder a pagamentos em moeda ...»

Keynes coloca em dúvida a capacidade de a Alemanha conseguir pagar tais montantes e obrigações, o que se veio a revelar pertinente. Seriam três os meios pelos quais a Alemanha poderia pagar a sua dívida:

1. Riquezas imediatamente cedidas como espécies em ouro, navios e capitais depositados no estrangeiro;

2. Valor dos bens existentes nos territórios perdidos, ou evacuados, depois do armistício;

3. Prestações anuais repartidas no tempo, consistindo quer em espécies, quer em matérias-primas tais como a hulha, a potassa e produtos corantes.

---

[22] J. Maynard Keynes, *As Consequências Económicas da Paz*, Introdução, tradução livre, 1919.

Esses aspectos draconianos do Tratado de Versalhes mencionados por Keynes seriam depois atenuados com as moratórias e a redução de montantes incluídas posteriormente nos Planos Dawer, Young e com o acordo na Conferência de Lausanne de 1932, um ano antes da subida ao poder na Alemanha de Adolf Hitler.

Mas o essencial para o tema em estudo está na análise que Keynes faz do estado da Europa depois do Tratado de Versalhes. O economista inglês dedica mesmo um capítulo ao tema: «Este capítulo será pessimista. O Tratado não inclui nenhuma disposição destinada à restauração económica da Europa – não decide nada para colocar os Impérios Centrais vencidos no meio dos novos vizinhos – nada para organizar os novos Estados europeus ou para salvar a Rússia. O Tratado não organiza sequer um contrato de solidariedade económica entre os Aliados. Nenhuma disposição foi tomada para restaurar as finanças desregradas da França e da Itália, e para organizar o funcionamento do antigo e do novo mundo.»

Mas o historiador, contrariamente ao economista, tem de lidar com factos históricos e não com juízos de valor. O pagamento das reparações e das indemnizações pela Alemanha acabou por ser o único expediente do Tratado de Versalhes de onde se podia esperar algum alento para injectar capital na economia europeia. Não funcionou.

Mas tudo o que Keynes apontou como decorrente da desarticulação económica europeia verificou-se em geral. Se descontarmos a sua afirmação, sem verificação empírica, de que a Polónia não teria viabilidade económica, o resto confirmou-se: a Sociedade das Nações teve de se ocupar, através do seu Comité Financeiro, da restauração das finanças na Bélgica, Áustria, Hungria e Bulgária, e até tratou de um processo de avaliação das contas portuguesas em 1927 e 1928.

A primeira Conferência Financeira Internacional foi organizada por Jean Monnet e pelos economistas do Secretariado da Sociedade das Nações, dirigidos por Arthur Salter, cuja equipa «estava impaciente para pôr à prova a experiência adquirida nos Comités Inter-Aliados.»[23]

As conferências financeiras internacionais de 1920, 1927 e 1933 revelaram as debilidades monetárias do período de entre as duas guerras, muito para além dos problemas derivados das condições de pagamento das indemnizações alemãs, e precedidas por uma filosofia de regresso puro à «normalcy», para empregar um termo muito usado pelos políticos e economistas anglo-saxões nesse período.

As reflexões económicas de Keynes sobre as consequências da paz, que é como quem diz sobre a nova organização internacional do continente europeu assente no princípio das nacionalidades, sobretudo com o estabelecimento dos novos Estados saídos do desmembramento dos Impérios vencidos, vão conjugar-se com planos mais políticos e culturais sobre a ideia de uma Pan-Europa, como sucessora da desfalecida organização assente em poderes imperiais.

O exemplo mais conhecido será o de Coudenhove--Kalergi, um aristocrata que havia perdido a cidadania do Império Austro-Húngaro, e que escreveu em 1921 uma obra onde define um projecto de unidade continental pan-europeia como sucedâneo.

Criado nas escolas do Império Austro-Húngaro, Richard Coudenhove-Kalergi adopta em 1919 a cidadania checa, e visa de imediato uma união danubiana que refizesse a coesão económica das parcelas desmembradas

---

[23] P. Gabert, V.Y. Ghebali, M.R. Mouton, *Les palais de la paix – SDN et ONU*, Paris, Ed. Richelieu, 1973, p. 91.

do Império. Mas os estadistas checos precisavam mais de fortes alianças internacionais imediatas do que de vagos objectivos distantes. Rapidamente Kalergi alarga o âmbito da sua proposta e publica, em 1923, o seu livro de referência *Pan Europa*, em que apresenta um projecto continental de comunidade europeia de tipo federal, inspirado na Suíça e nos EUA, que se estende da Polónia a Portugal, e que excluía a Rússia euro-asiática e a Grã-Bretanha insular e oceânica. Ou seja, a Rússia bolchevique e euro-asiática e a Grã-Bretanha imperial e ultramarina. Uma Europa Continental é o seu desígnio.

Num resumo esquemático, o conde austríaco apresenta três objectivos principais: em primeiro lugar, manter em quarentena a Rússia bolchevique e euro-asiática; em segundo lugar, evitar uma futura dominação económica da Europa pelos EUA; em terceiro lugar, constituir uns Estados Unidos da Europa dos quais excluía também a Grã-Bretanha insular, oceânica e imperial.

Kalergi identifica quatro potenciais inimigos para a Pan-Europa: o chauvinismo nacionalista, o comunismo, o militarismo e, sobretudo, o grupo formado pelas actividades económicas que deviam a sua prosperidade ao proteccionismo aduaneiro dos Estados. Era a previsão sobre os caminhos que iriam conduzir os países do continente europeu a formas de autarcia político-económica no período de entre as duas guerras.

Em Outubro de 1926, Kalergi organiza em Viena o I Congresso Pan-Europeu, ainda na onda positiva dos acordos de Locarno, e consegue reunir nomes reputados como Aristide Briand, Adenauer, Churchill, Rainer Maria Rilke, Freud, Stefan Zweig, Thomas Mann, Einstein, Unamuno, Ortega y Gasset, entre outros.

Esses congressos irão repetir-se em 1930 em Berlim, em 1932 em Basileia, em 1936 de novo em Viena. Em

1938, após a anexação da Áustria pela Alemanha, Kalergi refugia-se na Suíça, e escolhe a cidade de Berna como sede da União Pan-Europeia.

Coudenhove-Kalergi terá chegado a inspirar o estadista francês Aristide Briand na sua proposta de «um laço federal» para os países europeus em 1929.

Foram portanto vários caminhos históricos que confluíram para a politização da ideia de uma maior integração do continente com origem na Grande Guerra e no período de entre as duas guerras.

Como sintetizou, em 1919, outro pensador vienense, Karl Kraus: *Vae victoribus*. Ai dos vencedores da primeira guerra mundial!

IV

A SOCIEDADE DAS NAÇÕES
E A ORGANIZAÇÃO INTERNACIONAL
DA EUROPA

Se a I Guerra Mundial – a grande guerra europeia como os contemporâneos a designavam – foi causada pelo accionamento cego dos respectivos sistemas de alianças, as consequências deste conflito, do ponto de vista da morfologia política, foram a multiplicação de novos Estados e o surgimento da primeira instituição internacional de segurança colectiva: a Sociedade das Nações.

O fim da I Guerra Mundial consagra o momento mais alto do triunfo do Estado-Nação na Europa e a crescente desagregação dos grandes impérios como o Russo, o Otomano, o Alemão e o Austro-Húngaro, incapazes de organizar internamente e externamente as respectivas nacionalidades integrantes.

O triunfo do Estado-Nação aparece aos homens daquele tempo ainda como o triunfo dos regimes de tipo parlamentar, não só porque os grandes países vencedores eram democracias como a norte-americana, a inglesa e a francesa, às quais se poderia juntar a portuguesa, a italiana e a grega, como os novos Estados como a Letónia, a Estónia, a Lituânia, a Finlândia, a Polónia, a Checoslováquia ou Estados como a Áustria e a Hungria erguiam o seu desejo de se consolidarem como nações através da vontade dos seus Parlamentos, e a própria Alemanha se constituía em República parlamentar após a queda do *Kaiser* e da revolução espartaquista.

Nas palavras de Duroselle: «O mapa político da nova Europa aproxima-se muito mais do que o antigo dos mapas das nacionalidades, mas quantas situações confusas e explosivas se mantêm, pois a maioria dos novos Estados possui significativas minorias nos seus territórios. Além do mais estes Estados não conseguem firmar acordos económicos, que lhes teriam proporcionado mais viabilidade.»[24]

Acresce que a guerra havia gerado várias revoluções e algumas delas originaram novas instituições. Sem contar com os efémeros movimentos revolucionários nas principais cidades alemãs, ou na Hungria de Bela Kuhn, a velha Rússia czarista fora palco de uma profunda transformação política, territorial, social e económica. O partido político de tipo leninista e os sovietes servem para exemplificar algumas das novidades institucionais deste período.

A Revolução Russa de 1917, inicialmente apenas analisada quanto à sua posição sobre a guerra, marcou a história política e institucional da Europa, quer pela sua novidade, quer pela particular inserção internacional da futura URSS, e influenciou a geopolítica europeia

---

[24] J. B. Duroselle, *História da Europa*, Lisboa, Círculo de Leitores, 1990, pp. 356-351.

antes, durante e após a II Guerra Mundial, até ao seu desmembramento em 1991.

Inicialmente afastada da nova organização de segurança aliada internacional – a SDN – a URSS havia de se aproximar do parlamento de Genebra em 1934, quando o perigo fascista e nazi colocava as democracias na defensiva, procurando estas novas alianças.

Acentue-se esta mutação: enquanto em 1919 as democracias parlamentares aparecem triunfantes, já em 1934 se encontram na defensiva e procuram novos aliados até aí colocados em quarentena.

Que se passara entretanto e como explicar essa difusão de regimes políticos na Europa? Logo em 1920 o almirante Nicolas Horthy toma o poder na Hungria, que continua a ser constitucionalmente uma monarquia da qual Horthy será regente até 1944, inaugurando aquele tipo de regime político apelidado pelo historiador francês Henri Michel de «fascismo clerical». Nome que se poderá aplicar ao poder político dos Húngaros, da Áustria de Dollfuss (1933), ao Portugal de Salazar (l933) e à França de Pétain (1940)[25].

A Espanha, em 1923, verá surgir uma ditadura militar que durará até 1931; e depois da Guerra Civil de 1936-1939, a ditadura franquista instalar-se-á nesse país até 1976. A democracia sucumbe em Portugal em 1926, e só será restaurada em 1974.

A maior parte dos novos Estados dotou-se rapidamente de regimes autoritários: a Polónia e a Lituânia em 1926, a Jugoslávia em 1929, a Roménia em 1930, a Bulgária, Letónia e Estónia em 1934, a Grécia em 1936.

---

[25] Nicholas Horthy, Regent of Hungary, *Memoirs*, Londres, Hutchinson, 1956.

Mas o que mais marcará esse período será o papel que a instituição militar desempenhará em certos países como a Turquia, Polónia, Espanha e Portugal, entre 1920 e 1926.

Assim, na Turquia, o fim do Império Otomano é acompanhado pela laicização do Estado, ou seja, pelo fim do poder imperial do sultão «Comendador de Crentes». Quem opera essa transformação é o Paxá Kemal, que havia infligido severas perdas aos exércitos aliados em Galipoli. Em 1919, num acto de desobediência ao Califa, abandona o Exército otomano e organiza umas novas Forças Armadas na Anatólia, que recusam o Tratado de Paz de Sévres. O seu instrumento de poder inicial são essas Forças Armadas turcas que ele próprio forjou. A partir de 1922 instala uma «ditadura de desenvolvimento». O seu nacionalismo pode ser caracterizado como antitradicionalista, contrariamente a outros nacionalismos emergentes de entre as duas guerras.

É Kemal Ataturk quem teoriza esse novo nacionalismo ao dizer: «A nova Turquia nada tem a ver com a antiga Turquia. O Império Otomano pertence já à história. (...) A nação turca sofre severamente por ter ignorado a sua própria nacionalidade. Os diferentes povos que compunham o Império Otomano emanciparam-se utilizando exactamente os seus sentimentos nacionalistas».

Os sentimentos nacionalistas estiveram ainda presentes na viragem de outras democracias para regimes autoritários, como aconteceu na Polónia, com o general Pilsudski, que governará a Polónia sem partilha entre 1926 e 1935, ano em que morreu.

Mas o movimento político antidemocrático original foi indubitavelmente o fascismo italiano, nascido para combater Lenine e Wilson ao mesmo tempo, segundo a opinião de Ernst Nolte.

O seu animador foi Benito Mussolini que haveria de exercitar uma nova técnica de golpe de Estado, conjugando a luta política legal com métodos de violência extrema que o levaram ao poder em 1922. Como ele afirmou, o Estado não podia ser representado pela figura do guarda-nocturno que recolhe a casa ao amanhecer. O Estado seria tudo. Desenvolve então novas instituições como a Câmara Corporativa, ou novas formas políticas como os movimentos paramilitares de juventude, a Carta do Trabalho e os sindicatos nacionais, que serão adaptados mais tarde noutros países europeus e na América Latina.

Convém acentuar que na história dos regimes políticos, o fascismo italiano faz figura de pioneiro e ressalta como padrão dos regimes totalitários reaccionários, embora temperado pela influência do Vaticano e da monarquia formal.

Deste modo, o aparecimento do nazismo na Alemanha acontece depois de outros países europeus se terem dotado de regimes ditatoriais, embora a sua filosofia de base tenha assentado num tema prenhe de consequências posteriores, como foi o tema racial e o da expansão territorial pelo direito de conquista.

Se os Aliados apresentaram a sua vitória contra os impérios centrais como a vitória das democracias, embora esses regimes políticos não tivessem dado provas de solidez pouco depois, já a constituição e a admissão de membros na Sociedade das Nações, em princípio, não dependia tanto do regime político interno quanto do comportamento internacional dos Estados.

Mas a Sociedade das Nações pretende-se universal e não apenas europeia.

Logo no preâmbulo do Pacto da SDN pode ler-se: «Considerando que para desenvolver a cooperação entre as nações e para garantir-lhes a paz e a segurança importa: aceitar certas obrigações de não recorrer à guerra»

Os artigos 10º, 11º e 16º eram muito claros quanto à segurança colectiva dos países membros.

Assim, enquanto no artigo 10º os membros da SDN comprometiam-se a respeitar a integridade territorial e a soberania política de todos, o artigo 11º dispõe que qualquer guerra ou ameaça de guerra, que directamente atingir um dos membros da Sociedade, interessa à Sociedade inteira e que esta «tomará as providências necessárias para salvaguardar eficazmente a paz das nações».

O artigo 16º chega ao ponto de impor sanções económicas, comerciais e financeiras a qualquer Estado que recorra à guerra, o que efectivamente foi votado para os casos do Japão e da Itália.

Com efeito, a SDN recebeu como principal encargo presidir e fiscalizar a aplicação das cláusulas do Tratado de Versalhes, nomeadamente as decorrentes da sua aplicação às potências europeias, desde questões relacionadas com o mapa político até à defesa de minorias dentro de cada Estado.

Uma das questões essenciais para a organização internacional da Europa derivava dos efeitos paradoxais da existência da primeira instituição internacional de carácter universal, precisamente a Sociedade das Nações. Este organismo, composto por Estados de vários continentes, com especial representação dos países europeus, dos latino-americanos e dos mais importantes da Ásia, acabou por discutir com frequência questões internas europeias que se revelaram rapidamente graves questões internacionais!

A cooperação oferecida sob os auspícios da SDN espraia-se rapidamente por diversos domínios. O magno problema dos refugiados, particularmente sensível por causa da transferência em massa de população entre os novos países da Europa Oriental, leva à criação de um Alto-Comissário para os Refugiados e à distribuição de passaportes emitidos pela SDN, os chamados «passaportes Nansen», do nome do primeiro Alto-Comissário. Também a resposta às novas questões monetárias e financeiras – inflação, subida de preços, políticas orçamentais, desvalorização da moeda – obriga o organismo com sede em Genebra, quer a organizar uma série de conferências internacionais, quer a prestar assistência técnica financeira a países como a Áustria, a Hungria, a Grécia, a Albânia, a Estónia, e até Portugal enceta um processo semelhante em 1927.

Os Estados europeus encontravam-se assim na situação de ter de discutir os seus assuntos regionais com a participação estatutária de potências extracontinentais – desde o Brasil ao Japão, desde a China à Argentina. Sempre que pretendiam resolver questões práticas, como as das fronteiras ou das indemnizações, as principais potências europeias reuniam-se entre si, excluindo as extracontinentais mas também a maior parte dos Estados europeus. Foi assim em Locarno em 1925.

Com o propósito de resolver essa situação, e tendo em conta o bom momento das relações franco-alemãs saído da dita Conferência de Locarno em 1925, na qual tiveram um papel activo os ministros dos Negócios Estrangeiros alemão Gustav Stresemann e o francês Aristide Briand, estes apresentaram, entre 1926 e 1930, uma série de propostas e contrapropostas que tinham como pano de fundo uma maior cooperação entre a França, a Alemanha e alguns outros Estados europeus. Além do eixo franco-alemão o que varia é a participação de outros Estados europeus.

Depois da Conferência de Locarno (1925), que melhorou sensivelmente o clima europeu e sobretudo as relações franco-alemãs, na altura nas mãos de Aristide Briand e de Gustav Stresemann, o ministro dos Negócios Estrangeiros alemão elaborou uma espécie de *Memorandum* em Agosto de 1926 onde, além de tratar dos temas sensíveis da retirada de efectivos aliados da Renânia e do regresso à soberania alemã de Eupen e Malmédy, propôs um acordo de colaboração económica e financeira entre as grandes empresas da Alemanha, França, Bélgica e Luxemburgo. Uma forma de Comunidade Europeia a quatro.

Embora indisposto com a tentativa de revisão dos termos do Tratado de Versalhes, que perpassava no difuso plano de Stresemann, Aristide Briand não deixa de responder positivamente a este *Memorandum* no que concerne a uma maior integração europeia dos países envolvidos nas conclusões da Conferência de Locarno, realizada fora do âmbito da SDN. Esta Europa dos Quatro – Alemanha, Bélgica, França e Luxemburgo – é a parte invariável das geometrias dos planos de integração europeia que se seguirão até ao Tratado de Roma de 1957, em que a Itália e a Holanda se juntaram para fundar a CEE, a chamada Europa dos Seis. Uma longa permanência do núcleo agregador da integração europeia é verificável desde o período de entre as duas guerras.

Vejamos o que alguns documentos oficiais importantes revelam sobre a permanência de um núcleo duro de Estados à volta do qual girariam formas e conteúdos de integração europeia.

«O *memorandum* do Senhor Stresemann trata por fim do grande tema da colaboração económica e financeira entre os dois países (França e Alemanha). Como ele, espero que o acordo da grande indústria da França, da

Bélgica, do Luxemburgo e da Alemanha exerça uma influência considerável sobre a colaboração económica entre a Alemanha e nós: o Governo francês, aliás, já assinalou por diversas vezes às grandes empresas industriais o interesse que dedicava a este acordo.» (tradução não oficial).[26]

O próprio governante francês não deixa de se interrogar se essa maior integração económica e partilha de recursos entre as duas potências não estaria ferida pela presença das tropas vencedoras no território da Alemanha. A resposta é significativa:

«Essa presença de tropas francesas em território alemão constitui um obstáculo moral? A atitude do Senhor Fritz Thyssen, feito prisioneiro por nós durante a ocupação do Ruhr, e hoje partidário da maior cooperação franco-alemã, permite, pelo menos, duvidar disso.»[27]

Briand defrontava-se porém com um negociador como Stresemann que tinha em vista modificar as condições do *status quo* da ocupação militar da Alemanha pelos Aliados. O estadista francês visa mais longe mas já

---

[26] *Archives du Ministère des Affaires Étrangères*, Carta do MNE Aristide Briand datada de 12 de Agosto de 1926 e endereçada ao embaixador francês em Berlim M. de Margerie, AMAE, Série Europe. Paris. «Le mémorandum de M. Stresemann aborde enfin la grande question de la collaboration économique et financière des deux pays. Comme lui, j'espère que l'accord entre la grande industrie de France, de Belgique, de Luxemburg et d'Allemagne exercera une influence considérable sur la collaboration économique entre l'Allemagne et nous: le Gouvernement français a d'ailleurs marqué à diverses reprises aux grandes industries l'intérêt qu'il prenait à cet accord.»

[27] *Idem*, p. 5 «Constitue-t-elle un obstacle moral? L'attitude de M. Fritz Thyssen, emprisonné, par nous durant l'occupation de la Ruhr, et, aujourd'hui partisan d'une complète entente franco-allemande, permet à tout le moins d'en douter.»

tinha por eixo principal da integração europeia o entendimento político franco-alemão:

«Necessário do ponto de vista económico, o acordo não o é menos do ponto de vista político; quanto mais interesses comuns tiverem as grandes empresas dos dois países, mais motivos terão para se entenderem sobre a direcção a dar à sua política. Esta não é uma razão suficientemente forte para subordinar este acordo a uma redução do tempo de ocupação da margem esquerda do Reno. A parte do território alemão que interessa mais à grande indústria, o Ruhr, foi evacuada há quase dois anos e a manutenção das tropas francesas na 2ª e 3ª zonas durante o prazo fixado pelo Tratado não pode constituir um obstáculo material para as indústrias químicas ou metalúrgicas dos dois países se estas se quiserem entender sobre um programa de produção ou venda.»[28]

Em 1926 a proposta de uma comunidade do aço entre Paris e Berlim esteve pois explicitamente em cima da mesa nas chancelarias dos dois países. A CECA não nasceu do nada, e tem os seus antecedentes históricos para além da resposta franco-alemã à limitação da produção germânica de aço depois da II Guerra Mundial.

---

[28] *Idem*, p. 5 «Nécessaire au point de vue économique, l'entente ne l'est pas moins au point de vue politique; plus les grandes industries des deux pays auront des intérêts communs et plus les deux auront des motifs de s'entendre sur la direction à donner à leur politique. Ce n'est pas une raison suffisante pour subordonner cette entente à une réduction de la durée de l'occupation de la rive gauche du Rhin. La partie du territoire allemand qui intéresse le plus la grande industrie, la Ruhr, a été évacuée depuis prés de deux ans et le maintien des troupes françaises dans les 2.eme e 3.eme zones pendant la durée fixée par le Traité ne peut pas constituer un obstacle matériel pour les industries chimiques ou métallurgiques des deux pays si elles veulent s'entendre sur un programme de production ou de vente.»

Curiosamente, chegam então dos EUA alguns ecos de apreensão por este esboço de entendimento franco-alemão, extensivo à Bélgica e à Holanda. Assim, a embaixada de França em Washington relata, em Setembro de 1926, algumas reacções de importantes órgãos da imprensa norte-americana à entrada da Alemanha na SDN e à cooperação económica na zona do Reno. Por exemplo, o *Washington Post* alude à possível constituição de um *trust* do Aço, constituído pelas empresas alemãs, francesas, e belgas, dirigido contra os interesses americanos e ingleses nesse ramo industrial. Também a revista *Time* de 21 de Setembro de 1926 chama a atenção para o novo clima que se tinha criado entre a França e a Alemanha e que permitiria o regresso antecipado à soberania alemã das regiões mineiras do Sarre com a criação de uma *pool* franco-alemã do carvão e do aço. A Alemanha colocaria no mercado Obrigações do Tesouro no valor de 500 milhões de dólares, o que «permitiria à França e à Bélgica sanearem as suas finanças sem a ajuda dos créditos americanos»[29].

Esta alusão ao papel da Alemanha na emissão de títulos de tesouro para colmatar as dificuldades financeiras de países como a França e a Bélgica recebe outra luz sabendo-se das reformas monetárias em curso!

---

[29] Relatório de 7 pp. dactilografado, do Encarregado de Negócios da Embaixada de França em Washington, datado de 28 de Setembro de 1926; AMAE, Paris.

V

O PLANO BRIAND

Nesta perspectiva, o chamado Plano Briand de 1929 é paradigmático da procura de um entendimento franco-alemão no quadro de uma organização europeia que ultrapassasse os clássicos esquemas de equilíbrio de poder através dos sistemas de alianças. Foi um dos raros momentos de entendimento franco-alemão com os dois Estados em pleno vigor das suas atribuições soberanas. Nem Vichy nem Bona se podem assemelhar em termos comparados, pois ilustram mais os compromissos desses Estados quando enfraquecidos pela guerra do que uma propensão à integração paritária.

Assim, num discurso proferido em Genebra em Setembro de 1929, por ocasião da Assembleia Geral da SDN, o estadista francês retomou as grandes linhas do projecto de 1921 do conde austríaco Coudenhove-Kalergi sobre uma Europa unida – a Pan-Europa, cujos limites seriam os da geografia política dos países dotados de democracias parlamentares, excluindo assim a URSS.

Um mês antes do início da grande depressão económica, Aristide Briand propôs que «entre os povos que se encontravam agrupados como os da Europa deve existir uma espécie de laço federal. Estes povos devem ter a possibilidade de, a todo o momento, entrar em contacto, discutir os seus interesses, tomar resoluções em comum, estabelecer entre si um elo de solidariedade que lhes permita enfrentar, quando quiserem, circunstâncias graves (…). A associação actuará, obviamente, sobretudo no domínio económico …». Ressalva ainda que «o laço federal pode beneficiar as nações susceptíveis de constituírem uma tal associação sem afectar a soberania de qualquer uma delas».

Aristide Briand retomava, em termos políticos, o projecto de Coudenhove-Kalergi de uma Pan-Europa, cujos limites seriam os da geografia política dos Estados dotados de democracias parlamentares, excluindo assim a URSS. Mas também afastava a Grã-Bretanha desse espaço por causa das relações de Londres com os Domínios…[30]

A diplomacia francesa irá dar forma a essa declaração política de Aristide Briand e apresentará aos 27 Estados europeus membros da SDN um *Memorandum,* datado de 1 de Maio de 1930, em que se retomam as ideias avançadas por Briand em Genebra a 9 de Setembro de 1929. As respostas dos diferentes Estados a esse *Memorandum* constituem uma vasta base documental sobre o seu posicionamento na altura face à organização internacional da Europa.

---

[30] O mesmo Coudenhove-Kalergi apresentará à Assembleia Geral da SDN um conjunto de estudos relacionados com o eventual sistema de União Federal Europeia. Ver *Arquivos da Sociedade das Nações*, SDN [A 46.1930 VII] e (1930-Vll-4), Secção Política, Genebra.

Por isso podemos acompanhar de perto esse processo, baseados na vasta e sistemática documentação encontrada em diferentes arquivos como os da própria Sociedade das Nações, do Ministère des Affaires Étrangères de França, do Foreign Office britânico e, em especial, do Ministério dos Negócios Estrangeiros de Portugal.

O processo diplomático que se seguiu, desencadeado pelo *Memorandum* do governo francês de Maio de 1930, é muito revelador das posições dos diferentes países envolvidos quanto à hipótese de criação de uma organização política a nível europeu.

A resposta portuguesa a este *Memorandum* também é muito significativa da opinião da Ditadura Nacional sobre a questão europeia.

Em Portugal vigora então um governo militar presidido pelo general Ivens Ferraz. O seu ministro dos Negócios Estrangeiros é o comandante Fernando Branco. Na pasta das Finanças, desde Abril de 1928, está Oliveira Salazar, de dia para dia mais influente nos destinos do regime.

Que pensa então Salazar da Europa em 1930? Salazar aprecia assim o estado do continente europeu em discurso proferido a 30 de Julho de 1930: «É nesta Europa doente, convulsa, empobrecida, desequilibrada, procurando tacteante as soluções políticas do futuro, que é preciso localizar o caso português»[31].

Esse discurso de Salazar, datado de 30 de Julho de 1930, fora antecedido em alguns dias pela resposta de Portugal ao *Memorandum* francês.

A resposta do governo português ao Plano Briand é, na essência, uma resposta antieuropeia, sendo patente

---

[31] A. Oliveira Salazar, *Discursos e Notas Políticas*, vol. I (1928-1934), 5ª ed., Coimbra Editora, 1948, p. 72.

a prioridade que então dá às colónias, às relações com o Brasil e à aliança luso-britânica. Datada de 12 de Julho de 1930 e assinada pelo ministro dos Negócios Estrangeiros, comandante Fernando Branco, a resposta é muito clara nos seus considerandos ao afirmar que o projecto de União Federal não pode pressupor qualquer afrouxamento dos laços que prendem alguns Estados europeus às suas colónias. Esses Estados europeus não admitem «qualquer alteração nos seus direitos sobre tais territórios, nem consentem qualquer ingerência nos problemas que às colónias são próprios. Estes territórios é que não poderão deixar de ser considerados como elementos da verdadeira estrutura de cada Estado sem o que a proposta (da) Federação não assentaria numa noção exacta do Estado Europeu tal como ele é na realidade constituído»[32].

Entre qualquer plano de segurança colectiva ou de estabelecimento de instituições internacionais multilaterais e a manutenção dos antigos sistemas de alianças, o governo da ditadura militar é muito claro na sua opção:

«Princípio igualmente basilar para o Governo Português é, como o *Memorandum* ressalva, o de que o pacto em nada procure invalidar os acordos bilaterais ou plurilaterais existentes entre dois Estados ou grupos de Estados, ou diminuir o alcance e eficiência dos laços de aliança ou de amizade que são elementos fundamentais e tradicionais da vida internacional de alguns Estados».[33]

Quanto às questões propriamente económicas e à preferência expressa por Briand de se começar pela arquitectura política da União Europeia, a opinião do

---

[32] Arquivo Histórico do MNE, Lisboa, *União Federal Europeia, Resposta do Governo Português ao* memorandum *francês de 1 de Maio de 1930*, 3º piso, Maço 226, Processo 47.

[33] *Ibidem*.

«Governo da República Portuguesa» é a de que «o estudo em conjunto dos problemas económicos não tem forçosamente de ser precedido pela solução dos problemas políticos e crê que esta, pelo contrário, pode ser facilitada à medida que por acordos de carácter geral se forem atenuando as dificuldades de carácter económico»[34].

A resposta do governo português ao *Memorandum* do governo francês, datado de 1 de Maio de 1930, será seguida de um muito curioso parecer da Direcção Política do MNE, de 3 de Setembro daquele ano, da autoria do conhecido Secretário-Geral do Ministério, Luiz Teixeira de Sampayo, e destinado a orientar os diplomatas portugueses nas futuras discussões sobre essa matéria.

Esse parecer, de cinco páginas dactilografadas, está na base de toda a política anticontinental do regime ditatorial e os seus argumentos serão repetidamente retomados por Salazar e por outros responsáveis, ou ideólogos, do Estado Novo.

O Secretário-Geral do MNE parece convencido de que a tentativa em curso de organização política e económica dos países europeus se destina a interferir na evolução dos territórios coloniais que só alguns Estados europeus possuíam.

«São muitas as formas por que a chamada europeização dos problemas ou da sua solução pode atingir as Colónias. A todas nos devemos opor. Os perigos da resistência enérgica serão sempre menores do que os da transigência».[35]

Para Luiz Teixeira de Sampayo os projectos da Pan-Europa incidiam em grande parte sobre aproveitamentos coloniais a favor de grandes companhias internacionais.

---

[34] *Ibidem.*
[35] *Ibidem.*

Com o confesso objectivo de confundir o carácter eminentemente europeu do Plano Briand, o Secretário-Geral do MNE, que tanta influência viria a ter na orientação da política externa salazarista, aconselha o governo da ditadura militar e o ministro Fernando Branco a mostrarem-se partidários do não exclusivismo europeu: «Mostrando-nos logo de entrada partidários do não exclusivismo europeu, seremos provavelmente acompanhados pela Inglaterra e pela Espanha, a julgar pelas suas respostas, agradaremos às nações extra-europeias; teremos um ensejo de nos apresentarmos na Assembleia como uma das três nações que por serem as únicas que fundaram outras nações independentes têm em outros continentes e com outros povos laços que não lhes permitem ser apenas europeias. Este tema, que a Delegação poderia levantar desde logo, tem os seus reflexos no campo colonial e no internacional»[36].

Outro ponto em que o Secretário-Geral do MNE é muito claro é na sua preferência pela aliança bilateral luso-britânica, em detrimento de qualquer plano de segurança colectiva: «Estamos ligados à Inglaterra por uma aliança secular cujos termos um pouco vagos a experiência tem demonstrado serem um dos seus melhores valores. Possuímos situações geográficas de valia inestimável para a Inglaterra (…). Firmarmos pactos que tolham essa nossa liberdade, que pareçam condicionar o desempenho do nosso papel de aliados por circunstâncias de que outrem que não nós seja juiz, é diminuir o valor da nossa aliança para a Inglaterra, é pelo menos permitir que a opinião inglesa considere a nossa aliança

---

[36] *Ibidem.*

condicional, e, por reciprocidade, pretenda condicionar ainda mais a sua para connosco»[37].

Salazar, que mal se iniciara nas questões internacionais, manteve uma posição muito discreta nesse domínio até ao início da guerra civil de Espanha.

O seu biógrafo, Franco Nogueira, sintetiza assim o problema: «Desde os seus tempos de ministro das Finanças sente-se Salazar fascinado pela política externa. Seguia atentamente a actividade internacional; lia alguma imprensa estrangeira; e procurava estar informado das linhas fundamentais da orientação portuguesa. Mas não procurava intervir, nem pronunciar-se sobre a matéria»[38].

Uma das principais posições em matéria de gestão política dos assuntos europeus foi a de expressar cepticismo quanto à Sociedade das Nações, ou quanto ao laço federal entre pequenos e grandes Estados europeus proposto em 1929 e depois da II Guerra Mundial numa circular sobre a Integração Europeia, datada de 6 de Março de 1953.

Assim, numa entrevista dada a António Ferro e publicada no *Diário de Notícias*, em 20 de Agosto de 1933, Salazar mostra-se francamente crítico da SDN e do «parlamentarismo internacional», no qual todos os países se apresentam em Genebra a discutir os assuntos só de alguns. E chega a desposar a solução preconizada por Mussolini de um directório de quatro países (Itália, Inglaterra, Alemanha e França) para discutir as questões europeias. As principais potências, representando as demais, poderiam resolver os problemas europeus com realismo[39].

---

[37] Franco Nogueira, *Salazar*, Vol. II, Coimbra, Atlântida Editora, 1977, p. 33.
[38] *Ibidem*.
[39] *Ibidem*.

VI

DA AUTARCIA À NOVA EUROPA

A crise de 1929 serve para interromper o fio condutor da cooperação económica proto-europeia desde 1925 e explica o voltar de página nas relações franco-germânicas e nas relações financeiras internacionais.

A subida ao poder de Hitler em Berlim aperta o laço no fim de um período promissor, na perspectiva europeia (1925-1931), e ilustra a tendência geral para a autarcia económica no continente e para o intervencionismo do Estado. Note-se que os projectos de integração económica (1925-1931) estiveram na ordem do dia no contexto da passagem do modelo liberal de comércio livre para o da organização internacional dos mercados, sobretudo depois da crise financeira de 1927 e da «grande depressão» de 1929.

Com efeito, entre 1927 e 1929 situa-se um lapso de tempo caracterizado pela assinatura de múltiplos tratados comerciais no seguimento da Conferência Económica Mundial de 1927. De uma maneira geral esses tratados giraram à volta da questão das tarifas aduaneiras.

É nesse quadro que Sir Arthur Salter, evocando Kalergi e o presidente do conselho francês Herriot, propõe uma espécie de *Zollverein* [União Aduaneira] para os países europeus. Foi a última proposta antes da emergência dos regimes de autarcia económica e dos regimes políticos autoritários e belicosos.

Mas o início da década de 30 do século XX ainda é marcado nas relações franco-alemãs por um intenso intercâmbio de intelectuais e políticos. Aristide Briand e Pierre Laval nomeiam em 1931 para embaixador em Berlim o germanista André François-Poncet, que será o decano do corpo diplomático acreditado na capital alemã até 1938. As visitas recíprocas de jovens intelectuais processam-se a bom ritmo e revelam personalidades com percursos e opções diferentes perante a mudança de regime na Alemanha em 1933 e na França em 1940.

No Verão de 1930 iniciam-se os encontros entre juventudes francesas e alemãs por iniciativa de Otto Abetz, o futuro embaixador de Hitler em Paris durante a Ocupação. No encontro de Sohlberg, uma pequena montanha na Floresta Negra, participam personalidades de futuro político tão diferente como Pierre Mendés France e Pierre de Brossolette, Bertrand de Jouvenel e Pierre Taittingen, entre cerca de cem convidados[40].

Como escreveu mais tarde um dos participantes alemães, Friedrich Bentmann:

«Foi um acontecimento na nossa vida que queríamos fecundar não por um acto de fé, mas por aquilo que nos aparecia como uma realidade: a comunidade de espírito e de destino da jovem geração da Europa».[41]

---

[40] *Les Intellectuels et l'Occupation*, Editions Autrement, Coll. Mémoires, Paris, 2004.

[41] *Ibidem*, p.69.

A Europa como «comunidade de destino», um conceito com raízes compridas e vida longa...

Esses encontros vão continuar. Num deles, Pierre de Brossolette pronuncia um discurso intitulado *Aspectos Diplomáticos da União Europeia*[42] onde surgem os conceitos «União Europeia» e «Comunidade de Destino» já reunidos.

Pouco a pouco muitos participantes do lado francês ficam cada vez mais críticos da III República e inclinados a mudanças no regime político parlamentar num sentido mais autoritário, próprio do que será a «Revolução Nacional» do Marechal Pétain.

Com a chegada de Hitler ao poder, Otto Abetz dedica-se ainda mais a criar laços entre várias correntes de intelectuais e artistas franceses, que cultivará e utilizará quando for embaixador em Paris, e esse intercâmbio cairá no âmbito da «colaboração» em tempo de guerra.

Um desses intelectuais colaboracionistas, Drieu de la Rochelle, apresenta no seu *Diário*, escrito entre 1939 e 1945, a sua longa desilusão com os regimes do Eixo na construção de uma Europa política.

Drieu de la Rochelle escreveu no seu *Diário*, a 26 de Julho de 1943:

«Pobre Europa, que agonizas, chegou a tua vez. A fraqueza da Alemanha, sem imaginação política desde 1940, dobra a da França e quadruplica a da Inglaterra. Todas as noites, no regresso, passo em frente do Quartel Alemão dos Inválidos. Triste som do clarim, toque de recolher. Este clarim anuncia o fim da Europa. Hitler não soube

---

[42] *Ibidem.*

galvanizar este grande corpo díspar, nem soube vencer o cinema americano.»[43]

E, logo no dia seguinte, denuncia também os limites do fascismo para a transformação da Europa:

«Mussolini demite-se como um vulgar democrata. É sinistramente ridículo. E portanto, o fascismo foi só isso. (...) O fascismo demonstra pela sua fraqueza a fraqueza da Europa, a decadência da Europa.»[44]

Mas ainda não se chegara a esse ponto quando se ergueu a fortaleza da Nova Ordem Europeia, através dos passos dados em direcção à Segunda Guerra Mundial.

O primeiro plano comercial europeu do governo hitleriano data de 24 de Setembro de 1934 e é assinado pelo recém-empossado ministro das Finanças, Hjalmar Schacht, que dá prioridade à penetração económica nos Balcãs[45]. Para Keynes, esse novo programa de comércio externo destinava-se a garantir a «autarcia económica mas à escala europeia», assente na prática de acordos comerciais de compensação, dada a escassez de divisas fortes no tesouro alemão, aspecto que se agravará com

---

[43] Pierre Drieu de la Rochelle, *Journal* (1939-1945), Paris, Gallimard, 1992, p. 348, «Pauvre Europe, qui agonise, c'est bien ton tour. La faiblesse de l'Allemagne sans imagination politique après 1940, double celle de la France et redouble celle de l'Angleterre. Tous ces soirs, en rentrant, je passe devant la caserne allemande des Invalides. Lugubre son du clairon, couvre-feu. Ce clairon me dit la fin de l'Europe. Hitler na pas su galvaniser ce grand corps disparate, n'a pas su vaincre le cinéma américain.»

[44] *Ibidem*. «Mussolini démissionne comme un vulgaire démocrate. C'est sinistrement ridicule. Ainsi donc le fascisme n'était que cela. [...] Le fascisme démontre par sa faiblesse la faiblesse de l'Europe, la décadence de l'Europe.»

[45] Hjalmar Schacht, *Setenta e Seis Anos da Minha Vida*, Editora 34 Ltda., São Paulo, 1999.

o decurso da guerra, empurrando Berlim para o saque dos bancos centrais nos países ocupados militarmente.

Segue-se a aproximação entre os regimes italiano e alemão, o Eixo, e uma primeira divisão de influência no contexto europeu em 1936: a Itália poderá exercer a sua influência numa zona compreendida entre o Danúbio e o Mediterrâneo, mas não aceita de bom grado que a Áustria seja anexada pela Alemanha. De resto a vertical Berlim--Roma seria um «eixo em torno do qual se poderiam unir todos os Estados europeus animados de vontade de colaborar», disse Mussolini, a 1 de Novembro de 1936, num discurso pronunciado em Milão[46].

Mas Mussolini teme as ambições anexionistas de Hitler e de Estaline na Europa Central e Oriental e mantém--se neutro militarmente, embora acelere a cooperação económica com Berlim, tanto mais que os ingleses, no seguimento das sanções da SDN por causa da invasão da Etiópia, vão criar obstáculos ao abastecimento da Itália em carvão e a Alemanha irá fornecê-lo. Em troca, a Itália fornecerá equipamentos, máquinas e mão-de-obra. É um certo tipo de cooperação económica que se estabelece entre os dois países do Eixo antes da aliança militar.

O desenrolar da guerra cria as condições para o estabelecimento da Nova Ordem Europeia.

Duroselle, na sua *História da Europa*, chama a esse plano «a Europa monstruosa de Adolf Hitler».

Mas como era constituída essa «Nova Europa»? No centro, a Grande Alemanha, com perto de 100 milhões de habitantes, vai da Alsácia-Lorena e do Luxemburgo, a oeste, até Memel (no Báltico) a leste, de Schlesvig a

---

[46] J.B. Duroselle, *Histoire Diplomatique de 1919 à Nos Jours*, Dalloz, 7ème ed., Paris, 1978, pp. 203-204.

norte, à Eslovénia, a sul (e, muito em breve, de facto até Trieste, no Adriático).

Directamente submetidos ao *Reich* estavam os protectorados. O primeiro foi o protectorado da Boémia-Morávia e, em seguida, estabeleceram-se: o Governo-Geral da Polónia, o Governo-Geral dos Territórios de Leste e o Governo-Geral da Ucrânia, embrião do «espaço vital» (*Lebensraum*). Estes protectorados eram atribuídos a personalidades do partido nazi (*os gauleiter*).

Também directamente submetidos à Alemanha, mas sob autoridade dos militares, estavam os territórios ocupados: Noruega, Dinamarca, Países Baixos, Bélgica, zona ocupada a norte da França, a Jugoslávia e a Grécia, com excepção das zonas italianas.

Reforçando esta nova carta política, a «Nova Europa» constituía também um certo tipo de conjunto económico dirigido pela Alemanha, que refez assim a carta da dominação política dos antigos impérios centrais, anulando a dispersão provocada pelos resultados da Conferência de Paz de 1919.

Durante a guerra, e como facilmente se compreende, a Alemanha importava muito mais do que exportava, o que tornava o seu mercado interno apetecido por outros países europeus. Os produtos agrícolas dos países da Europa Central e de Leste, os produtos industriais e equipamento da Itália, e certos minérios estratégicos como o volfrâmio, eram sequiosamente procurados pela Alemanha. Tudo isto provocava um sério problema financeiro a Berlim, que necessitava de contrabalançar o seu défice comercial em meios de pagamento sobre o exterior. A hegemonia militar alemã operava assim a nível financeiro, quer sonegando as riquezas depositadas em bancos centrais dos países invadidos, quer manejando a seu favor as taxas de câmbio, quer apoderando-se do ouro dos cidadãos dos países conquistados. A «cooperação económica» nessa «Nova Ordem Europeia» era mesmo forçada pelas próprias cláusulas de guerra, como foi o caso para a França de Vichy.

Há quem pretenda que o programa de acção da Alemanha nazi estaria já plasmado na obra de Adolf Hitler, *Mein Kampf*, publicada em 1925. No que diz respeito à política europeia ela encontraria a sua inspiração no capítulo XIII daquele livro intitulado «A política de alianças alemã depois da guerra»[47].

Partindo do princípio segundo o qual «o desaparecimento da Alemanha como grande potência da Europa Continental só podia aproveitar aos inimigos da Inglaterra», Hitler desenvolve as suas principais ideias sobre a política europeia da Alemanha:

1ª Dotar a Alemanha dos meios económicos, políticos e militares necessários para fazer dela a principal potência da Europa Central;

2ª Manter a Grã-Bretanha afastada das questões continentais europeias;

3ª Conquistar um «espaço vital» a Leste para proteger a população alemã e explorar certas matérias-primas;

4ª Procurar o domínio da raça ariana pela redução dos judeus e pela submissão dos povos da raça eslava;

5ª Preparar a «Nova Europa», assim criada para a confrontação com os Estados Unidos da América.

---

[47] Adolf Hitler, *Mein Kampf*, Paris, Nouvelles Éditions Latines, s.d., pp. 603-638.

A expansão alemã irá assim cobrir-se com o objectivo milenar da criação de uma «Nova Europa».

O conceito de Nova Ordem (em alemão *Neuordnung*) terá surgido num discurso de Hitler em 1940, sendo depois recuperado pela propaganda de guerra alemã como *die Neuordnung Europas*, embora o conceito e o seu conteúdo evoluíssem com o desenrolar da guerra mundial, como aconteceu com outros projectos nazis. Um projecto paralelo, mas de certa maneira complementar, foi o de «Europa Fortaleza», usado com significados diferentes pela propaganda de guerra dos beligerantes, mas ambos se queriam referir à continentalização da expansão germânica e ao seu peculiar «mercado interno» euro-asiático. A confusão dos propósitos também se deve à casuística do aproveitamento da cobertura de uma «Confederação Europeia» por parte dos decisores alemães a braços com situações de administração política diversa nos territórios já ocupados[48].

É sobretudo a partir da invasão da URSS em Junho de 1941, que a ideia de uma cruzada europeia anticomunista toma forma e passa a constituir poderoso elemento de propaganda. Mas o projecto de uma nova ordem europeia data da assinatura do Pacto Tripartido (anti--Komintern), entre a Alemanha, a Itália e o Japão, de 27 de Setembro de 1940, ao qual se juntaram a Hungria, a Roménia e a Eslováquia em 1940 e a Bulgária e Croácia em 1941.

Se se procurar outras analogias com os conteúdos da integração europeia posterior bem se pode prestar

---

[48] Walter Lipgens (org.), *Documents on the History of European Integration* Volume I, *Continental Plans for European Union (1939-1945)*, European University Institute, 1984.

atenção aos termos do armistício entre a Alemanha e a França.

Assim, nos termos do artigo 18º da Convenção do Armistício, assinada em Junho de 1940, a França devia pagar à Alemanha 400 milhões de francos por dia, passando esse montante a ser de 500 milhões de francos por dia a partir de Novembro de 1942. No fundo uma transferência de fundos no quadro de um certo tipo de perspectivas financeiras! Mas que quando muito foram transferências de fundos da França para a Alemanha...

Segundo Robert O. Paxton, na sua obra sobre a França de Vichy[49], cerca de 58% do rendimento nacional francês, entre 1940 e 1944, foi desviado para a Alemanha. Segundo o mesmo autor, mais de 10% dos produtos das colónias francesas como os fosfatos, hulha, bauxite, café, foram exportados para o *Reich*, esse grande mercado sequioso e em expansão de necessidades.

Também os produtos agrícolas franceses se escoavam predominantemente para o mercado alemão: cereais, carne e vinho são os bens mais requisitados, num programa agrícola que faria caminho...

Franz Richard Hemmen, chefe da delegação económica alemã na Comissão do Armistício, cujos relatórios periódicos são, segundo Robert Paxton, «a melhor fonte para as relações económicas franco-alemãs» no período, relata, em Janeiro de 1942, que «os franceses empregados na indústria, nos caminhos-de-ferro, na navegação fluvial e em grande parte da marinha mercante, trabalham quase exclusivamente para o *Reich*. As encomendas da Alemanha são o factor determinante da economia francesa.»[50]

---

[49] Robert O. Paxton, *La France de Vichy*, 1940-1944, Paris, Éditions du Seuil, 1973, pp.144-145.
[50] *Ibidem*, p. 145.

Esta «economia de guerra», na qual a França se esvaiu financeiramente nos termos do Armistício de 1940, só se organizava racionalmente mediante um certo tipo de dirigismo de Estado e de planificação económica e social, o que o regime de Vichy providenciou através da cobertura ideológica da «revolução nacional» de Pétain desde Julho de 1940[51].

Com a formação do governo em Vichy explicita-se que haverá uma nova orientação para a economia francesa que se deve integrar «no sistema continental de produção e de troca», pelo que a «França regressará, para seu benefício, à agricultura e ao campo em primeiro lugar». E sintetiza-se ainda em Junho de 1940: «uma ordem nova começa»[52].

---

[51] Helena Janeiro, *Salazar e Pétain*, Lisboa, Edição Cosmos, 1998, p.69.
[52] Henri Guillemin, *La Vérité sur l'Affaire Pétain*. S., Ed. 1996, p. 155.

VII

PROPOSTAS ALEMÃS DURANTE A II GUERRA MUNDIAL

Como distinguir, além do fundamental, ou seja, dos regimes políticos, as diferentes propostas de integração europeia durante a II Guerra Mundial? O que tiveram de estrutural, de ocasional, de propaganda de guerra, inclusive, para convencer os espíritos de que serviam a melhor paz e o melhor vencedor?

Os historiadores deste tema concordam em geral que os projectos alemães de uma Nova Ordem Europeia tiveram a sua máxima expressão depois do desencadear da guerra à URSS, em 22 de Junho de 1941. Michael Salewski afirma mesmo que: «Before June 1941 all initiatives in this field were mere propaganda or were directed towards the maximum exploitation of the continent's economics resources».[53]

---

[53] Michael Salewski, «Ideas of the National Socialist Government and Party», in *Documents on the History of European Integration*, ob. cit., p.48.

Mas os termos vinham de antes, e a ocupação de França serviu de inspiração para apresentar a conquista militar como passível de gerar uma nova divisão do poder, de tarefas, ou seja, de se transformar numa Nova Ordem.

Com efeito, Goebbels num discurso perante intelectuais checos, proferido a 11 de Setembro de 1940, ensaiara o tema ao afirmar que «quando o poder britânico colapsar, nós teremos a oportunidade de reorganizar a Europa seguindo os princípios correspondentes às possibilidades sociais, económicas e técnicas do século XX»[54].

O ministro da Propaganda projectava para os próximos 50 anos uma futura geração que se «riria das disputas paroquiais» que se preservaram no continente europeu. Sem papas na língua apresentou as potências do Eixo, Alemanha e Itália, como as potências preparadas para liderar a Europa. E ameaçava ainda quem se opusesse a essa ideia europeia, pois os alemães já tinham provado que podiam ser terríveis inimigos, mas também «muito bons amigos», pois tanto davam as mãos à cooperação leal como também eram capazes de lutar contra um inimigo até à destruição deste[55].

Um ano depois são dadas instruções para se apresentar à imprensa razões positivas sobre uma possível confederação ou federação europeia.

Num documento datado de 27 de Setembro de 1941 lê-se explicitamente que: «A propaganda agressiva, ofensiva e polémica deve ser suplantada com outra mais positiva, especialmente sobre o futuro da Europa».

Desse modo, devia insistir-se na ultrapassagem das «guerras civis» europeias. Uma «Europa Federal» devia nascer sob a liderança e a protecção dos Estados mais

---
[54] *Ibidem*, p. 73.
[55] *Ibidem*, p. 75.

fortes. Nesse sentido, a luta contra a Inglaterra era uma luta pela unidade da Europa. Uma Europa Federal seria possível pela eliminação da Grã-Bretanha, a destruição dos bolcheviques, e a aliança voluntária da França. A Alemanha, a Itália, e seus aliados constituiriam o núcleo duro dessa entidade, não num espírito de submissão dos outros povos mas dentro da mais «sincera cooperação». A única condição seria os outros Estados como a Finlândia, Hungria, Bulgária ou Roménia serem sinceros e entusiastas membros da Europa. De uma «Europa eterna.»[56]

Tratava-se de constituir uma grande esfera económica numa organizada divisão internacional de trabalho, assente nas mais modernas tecnologias e comunicações, cuja finalidade seria o pleno emprego, a prosperidade, a segurança dos mercados e a existência de uma moeda estável através de uma política de preços justos.

Nessa perspectiva, a divisão da Europa em pequenas nações estava ultrapassada. Acabar-se-ia com passaportes e vistos. A Alemanha contribuiria com a sua força, disciplina e demais componentes de organização e protecção. E o documento rematava: «Os opositores da Europa não têm nada para oferecer em troca»[57].

Os responsáveis pela Alemanha nazi iriam oficializar os seus pontos de vista sobre a «Nova Ordem Europeia» a partir de 1941 e até 1943. Assim, quando o prolongamento do Pacto Anti-Komitern, em 25 de Novembro de 1941, estendeu essa plataforma anticomunista e anti-soviética a países como a Bulgária, Dinamarca, Finlândia, Croácia, Roménia a até à China ocupada pelo Japão, o ministro dos Negócios Estrangeiros de Berlim, Joachim

---

[56] *Ibidem*, p. 87.
[57] *Ibidem*, p. 87-88 (doc. 27 de Setembro 1941).

von Ribbentrop, vai mais longe do que os termos até então definidos no Pacto Tripartido, assinado em 27 de Setembro de 1940, entre a Alemanha, a Itália e o Japão e declara que «reconhecia e respeitava a liderança da Alemanha e da Itália no estabelecimento de uma "Nova Ordem Europeia"»[58].

Ribbentrop não tem dúvidas em afirmar que a «Inglaterra deve ser mantida fora da Europa de uma vez por todas». Era a chamada «Europa Fortaleza».

A Confederação Europeia

Em 21 de Março de 1943, von Ribbentrop pretende proclamar a Confederação Europeia formalmente, desde que haja uma nova significativa vitória militar. Vejamos a constituição dessa forma confederal:

Segundo Joachim von Ribbentrop, «os Estados imediatamente envolvidos seriam a Alemanha, Itália, França, Dinamarca, Noruega, Finlândia, Eslováquia, Hungria, Roménia, Bulgária, Croácia, Sérvia e Espanha (?). Se o *Führer* pretender criar alguns Estados independentes nos territórios ocupados pela Alemanha, esta lista estender-se-á.»[59]

Precisão e incerteza, ao mesmo tempo, nessa construção incompleta de uma Confederação Europeia, destinada a abrir-se à resolução das questões políticas internacionais derivadas das conquistas militares alemãs durante a II Guerra Mundial e dos seus compósitos estatutos internacionais desde os territórios ocupados aos protectorados.

---

[58] *Ibidem*, p. 90, e ver A. Toynbee (dir.) *Hitler's Europe (Survey on International Affairs, 1939-1946)*, Londres-Nova Iorque-Toronto, 1954.

[59] *Ibidem*, p.123.

Aliás, o ministro dos Negócios Estrangeiros propõe que a proclamação dessa Confederação Europeia seja feita após uma nova e significativa vitória militar – na altura decorriam as operações no Norte de África – com a assinatura desse pacto pelos chefes de Estado e de Governo, a realizar numa cidade segura, como Viena ou Salzburgo.

Ribbentrop elenca doze vantagens imediatas desse projecto de Confederação Europeia, entre as quais: o desaparecimento do poder dos *Gauleiter* nos territórios conquistados, a garantia de que os países neutros não seriam incorporados pela Alemanha, que a Itália não teria a temer um *Reich* perto das suas fronteiras, que a França colaboraria mais facilmente em termos de força de trabalho, produção de armamentos e até no esforço militar propriamente dito. Além disso, alguns países neutros como a Suécia, Turquia, Portugal, etc., seriam persuadidos a abrandar as suas estreitas relações com a Grã-Bretanha e a América, e a Turquia a abandonar o projecto de um pacto balcânico apoiado por Londres. Sobretudo, esse projecto de Confederação iria destruir os argumentos anglo-americanos e bolcheviques de uma Alemanha expansionista e conquistadora guiada apenas pelos resultados das operações militares.

Berlim elaborara mesmo um projecto de Tratado configurado num formal Acto da Confederação em 1943, no qual se referia «o destino comum dos povos europeus» e se assegurava o término das guerras civis entre eles, com a finalidade de proteger os interesses continentais contra os inimigos externos, que já sabemos quais seriam. E embora se afirmasse no segundo ponto que «a organização interna era matéria de decisão nacional», no ponto cinco salientava-se que «a economia europeia será organizada pelos Estados-membros na base de um plano uniforme elaborado por mútuo consentimento.»[60]

Curiosamente, quanto mais a situação militar piorava na altura para Berlim, mais os planos para uma «Nova Europa» se concretizam no pormenor.

Propostas da delegação alemã na Comissão do Armistício

Hans Frohwein, prestes a despedir-se do seu cargo na delegação alemã do Armistício com a França, também apresentou o seu plano em 7 de Junho de 1943.

Partindo do princípio de que os inimigos da Alemanha estavam em desvantagem em termos de propaganda no que respeita à organização do continente para o após-guerra, e de que «não tinham mais para oferecer do que a sua própria desunião», esse adjunto do embaixador Ritter apresenta o eixo Berlim-Roma, o Pacto de Aço e o Pacto Tripartido (Alemanha, Itália e Japão) como a pedra angular do edifício da Nova Ordem Europeia e Mundial.

Tendo em conta as condições geopolíticas seria necessário dividir o projecto por regiões. A mais importante seria a região do *Reich* da Grande Alemanha com as regiões «subgermânicas» do Leste e do Sudoeste. Haveria diferentes formas de associação com o *Reich*, desde a perda de personalidade jurídica internacional, como foi o caso do Protectorado da Boémia e Morávia, até à ligação privilegiada com a Itália[61], que ainda figurava como a principal aliada europeia da Alemanha.

---

[60] *Ibidem*, p. 126-127.
[61] *Ibidem*, p. 134.

Essa região, a principal, teria uma política externa comum e uniforme, uma protecção militar comum e uma política de cooperação mútua. A região do Mediterrâneo seria uma segunda área na qual a Itália teria um papel preponderante. A terceira área seria a atlântica, estabelecida através de Tratado com os países ribeirinhos daquele oceano. Nesta região «a Península Ibérica desempenhará um papel importante como guarda do acesso entre o Atlântico e o Mediterrâneo, assim como na articulação com África e as colónias»[62].

A França, claro, também estaria presente na tessitura dessa área euro-africana. Quanto à Inglaterra, o seu contributo não podia ser apreciado em plena guerra, mas estava claro de que não encontraria guarida enquanto estivesse em armas.

Em relação às potências coloniais o autor do projecto era muito claro: «Enquanto algumas potências mantiverem possessões noutros continentes (…) os outros países europeus não serão obrigados a ajudá-los a defender esses territórios»[63].

Portugal, a França e a Bélgica ficaram avisados! Era mesmo um projecto continental pan-europeu.

Desenvolvimento do projecto de Confederação Europeia

Como em todos esses planos para uma «Nova Ordem Europeia», a organização do continente ocupava um lugar central e até bastante detalhado.

---
[62] *Ibidem,* p. 134.
[63] *Ibidem,* p. 135.

Em Agosto de 1943, o diplomata Cécil von Renthe-Fink elabora uma *Nota* para o ministro Ribbentrop na qual desenvolve sistematicamente o tópico da Confederação Europeia. A *Nota* compõe-se de onze pontos e de dois anexos, um sobre os princípios que devem presidir à confederação, e outro sobre as grandes linhas a desenvolver pela propaganda alemã. Segundo Renthe-Fink, os inimigos da Alemanha não tinham uma resposta de igual valor para o futuro do continente.

Neste plano a França como que toma o papel da Itália, que fora invadida pelos Aliados, e a sua atitude será decisiva para tentar persuadir a opinião pública europeia, além de facilitar a continuação da colaboração de Paris com Berlim. Data do Outono de 1943 o estabelecimento de um novo eixo franco-alemão para o desenvolvimento do projecto de uma nova Confederação Europeia refundada por troca entre a Itália e a França.

Quanto à Bélgica, Holanda e Noruega, países ocupados, seriam representados os governos colaboracionistas como o de Quisling em Oslo. O projecto de Confederação também seria bem aceite pelos países bálticos, e havia fortes possibilidades de arregimentar países como a Grécia e a Sérvia, segundo essa *Nota*.

As maiores dificuldades estavam previstas para o caso da Polónia, mas muito dependeria do comportamento dos polacos durante a guerra e no decorrer desta.

Quanto aos países neutrais, não se podia esperar da Suécia, Suíça e Portugal uma entrada na Confederação enquanto a guerra continuasse. De qualquer maneira essa entrada não seria tão importante como nos outros casos.

A Confederação seria assim constituída por 13 Estados: Alemanha, Itália, França, Dinamarca, Noruega, Finlândia, Eslováquia, Hungria, Roménia, Bulgária, Sérvia, Grécia e Croácia.

A questão dos membros fundadores devia ser negociada, no entanto, com a Itália, com a qual se discutiria ainda uma possível participação de Espanha, o caso especial da Polónia, além do futuro estatuto da Bélgica, Holanda e Turquia. Era ainda o Eixo dos tempos passados.

Anexo (económico) do Acto da Confederação

No Acto da Confederação, a assinar similarmente ao Acto Tripartido Anti-Komitern, deveriam constar as principais políticas comuns a prosseguir, nomeadamente as de natureza económica.

No Anexo I ao memorando de Cécil von Renthe-Fink lê-se que «a economia europeia será planeada conjuntamente pelos Estados-membros na base dos interesses comuns e nacionais. O objectivo é incrementar a prosperidade material, a justiça social e a segurança social nos Estados e desenvolver os recursos materiais e humanos na Europa e complementarmente em África.»

Deste modo, as taxas aduaneiras e outras barreiras ao aumento do comércio serão propositadamente eliminadas, embora protegendo e garantindo os sectores vitais da economia, especialmente nas áreas económicas consideradas mais frágeis.

Um sistema inter-europeu de comunicações por caminho-de-ferro, auto-estradas, canais e rotas marítimas e aéreas será desenvolvido de acordo com um plano comum»[64].

---

[64] *Ibidem*, p. 143.

Os projectos para a Nova Europa eram de ordem racial, política e económica. Ela deveria ser organizada em função de uma hierarquia de raças. Um lugar central seria dado aos povos nórdicos da Escandinávia e dos Países Baixos. Os eslavos seriam tratados como seres inferiores e apenas serviriam de mão-de-obra. O devido lugar de latinos e povos balcânicos oscilou conforme as alianças mas sempre num plano inferior aos dos povos nórdicos.

A divisão racial na Europa coincidiria com a estrutura económica. A Alemanha pretendia formar um mercado constituído por um bloco comercial e financeiro no qual o marco seria a moeda de reserva, e Viena e Berlim as duas capitais financeiras. A concentração da finança e do comércio começou desde 1940 em Berlim. Certas indústrias alemãs, como a I.G. Farben, a gigante química, reorganizaram essa indústria e o seu comércio por cartéis nos territórios ocupados e dependentes de Berlim. Esses territórios seriam ligados por vias férreas, auto-estradas e um grande canal fluvial ligaria os rios Oder, Elba e o Danúbio[65].

Como encaravam as autoridades portuguesas na altura essas propostas para uma Nova Ordem Europeia?

Nos finais de 1941, o embaixador de Portugal em Berlim envia um relatório para Lisboa, no qual explana, em 15 páginas dactilografadas, a configuração do que

---

[65] Síntese citada de *Atlas Historique du III Reich*, Paris, ed. Autrement, 1999, p. 84-85.

seria a organização europeia caso a Alemanha vencesse a guerra[66].

Nesse quadro competiria à Grande Alemanha a «missão histórica» de implantar na Europa uma «Ordem Nova» que suprimisse «as iniquidades inerentes aos regimes plutocratas e bolchevistas», e que assegurasse, «em todos os países do espaço europeu», condições de vida melhores do que as que prevaleciam antes da II Guerra Mundial. Essa «Nova Europa» deveria constituir um só agrupamento de países autónomos na sua governação, mas orientados por princípios gerais comuns e com «uma certa uniformização na estrutura desses Estados.»[67]

A efectiva suspensão do desemprego, o aumento da produção e a estabilidade dos preços estariam entre os primeiros objectivos económicos da Nova Ordem Europeia.

Segundo o embaixador do Estado Novo em Berlim, a «Alemanha assumiria a defesa da comunidade contra qualquer agressão exterior e responsabilizar-se-ia pela manutenção da ordem no interior do espaço europeu», e serviria de árbitro nos diferendos que surgissem entre os membros dessa Ordem Europeia, o que seria uma tentativa de ressuscitar «em bases novas o conceito medieval da cristandade, que durante séculos serviu de alicerce seguro para as relações entre países europeus».

A «Ordem Nova» exigiria uma certa uniformização na estrutura dos Estados europeus, mas o representante do Estado Novo em Berlim relativiza tal objectivo, tanto mais que afirma: «dificilmente se encontrará na Europa outro país que apresente, em relação à Alemanha, tamanha

---

[66] Ver Relatório do Ministro de Portugal em Berlim, datado de 15 de Novembro de 1941, AHMNE, P3/D-M161.
[67] *Ibidem*.

similitude de instituições, de princípios de governação, e de ideologias políticas e sociais como o nosso», o que levaria a que «se a Alemanha cair no erro de exigir a uniformização excessiva, seremos, portanto, os últimos a padecer deste erro, porque em parte alguma encontrará a Alemanha menos necessidade de uniformização do que em Portugal.»[68]

Como já tive ocasião de assinalar: «Ora aqui está uma comparação que os cientistas políticos não irão reter na tipologia dos regimes autoritários de entre as duas guerras...»[69]

Em qualquer caso, o diplomata em Berlim está convicto de que «a ordem nova, tal como a concebem os alemães, traria à sociedade portuguesa desde logo vantagens muito grandes. Pelo facto de termos uma economia complementar da alemã, e pelo facto de termos já em pleno funcionamento uma organização económica quasi idêntica à alemã, seríamos os primeiros a «engrenar» na mecânica nova e a beneficiar das suas inovações». Enfim, tratava-se de demonstrar que o Portugal salazarista era um bom seguidor do modelo europeu alemão...Um bom aluno, em suma. Uma mentalidade que atravessa várias épocas...

A produção de matérias-primas, mesmo se intensificada ao máximo, encontraria na Alemanha um escoadouro certo e remunerador, e o plano alemão para as permutas de mão-de-obra serviria de válvula de segurança para o excedente populacional português, segundo o diplomata, ao inferir «que o advento da Ordem Nova facilitaria

---

[68] AHMNE, *idem*, pp.4-5.
[69] José Medeiros Ferreira, *Cinco Regimes na Política Internacional*, Lisboa, Ed. Presença, 2006, p. 82.

e auxiliaria poderosamente o levantamento do nível de vida em Portugal.»

Como problemas que a «Nova Ordem» alemã levantaria a Portugal, assinala: o facto de ela prever que a liquidação das transacções entre países europeus se faria através de um *clearing* central sediado em Berlim, a exemplo do que já existia para as transacções efectuadas entre territórios sob domínio alemão, implicaria que Portugal teria de deixar de fazer as suas liquidações em Londres pela entrega de divisas ou de ouro. Seria uma zona monetária continental.

Como reage Salazar às ideias sobre a Nova Ordem Europeia expostas pelo seu embaixador em Berlim? Salazar reage num documento de 10 páginas dactilografadas, datado de 26 de Janeiro de 1942. Segundo Salazar, os alemães «lançaram a Nova Ordem como traduzindo a feição que revestirá depois da guerra a Europa, senão o mundo, ou melhor, depois da Europa, o mundo», no caso de vitória. Mas será a organização da Europa depois da guerra indiferente à «bandeira da vitória»?, pergunta o chefe do regime em Portugal.

Responde o próprio: «Também a Inglaterra há-de ter a sua ordem nova para o caso de pertencer-lhe a vitória (…) devemos no entanto confessar que o método experimental e a preferência do espírito inglês pela lenta evolução das instituições políticas em vez das criações da razão oferecem só por si alguma garantia.»[70]

Ora aí está como parte da diplomacia política do Estado Novo discursava sobre as grandes linhas da arquitectura europeia de Hitler. E os militares portugueses como analisavam essas propostas?

---

[70] Ofício de Salazar, de 22 de Janeiro de 1942, enviado aos embaixadores de Portugal em Berlim e em Londres, AHMNE.

Uma explicação sobretudo casuística, ligada à conduta de guerra pela Alemanha, é dada em Dezembro de 1941 pelo relatório da Missão Militar portuguesa, composta por Manuel Gomes de Araújo, Júlio Botelho Moniz e José Beleza Ferraz, no qual se afirma que, por ter a Alemanha preferido vencer a Inglaterra no continente, a guerra se irá prolongar, pelo que Berlim estava «forçada a organizar a Europa, opondo assim ao bloqueio marítimo inglês esta espécie de contrabloqueio a que dá o nome de Nova Ordem».

Qual a finalidade desta organização? Senhora do continente, mas sem a liberdade dos mares, que a sua rival lhe fecha, pretende organizá-lo de forma a bastar-se a si própria, de acordo com as suas necessidades de vida e da evolução da guerra.

Para isso necessita vencer duas dificuldades: uma de ordem material – o problema das comunicações e transportes dentro do próprio Continente; outra de ordem moral – a aceitação pelos diferentes povos, tão heterogéneos que o habitam, da Nova Ordem, por forma a obter a sua colaboração voluntária na luta empreendida, visto que a forçada, que lhes pode impor, é de fraco rendimento»[71].

Um outro método de exploração económica na «Nova Europa» foi a requisição de mão-de-obra em países dominados pela Alemanha para a chamada organização Todt.

A esta «integração económica» forçada pela Alemanha hitleriana, contrapunha-se um outro campo de integração económica euro-atlântica polarizado nos Comités

---

[71] Relatório da Missão de Oficiais CEM à Alemanha, composta pelos majores Manuel Gomes de Araújo, Júlio Botelho Moniz e capitão José Beleza Ferraz, datado de 7 de Dezembro de 1941, pp. 22-23, Arquivo do MNE, Lisboa, Gabinete do Secretário-Geral, M6, Pasta 3.

Inter-Aliados de abastecimentos, transportes, energia e matérias-primas.

Como já aqui se referiu, a criação do Combined Production and Ressources Board (Comissão Conjunta para a Produção e Recursos) inspirou-se nos Comités Inter--Aliados da I Guerra Mundial e ninguém melhor do que Jean Monnet, que participou neles e foi do secretariado da SDN, para guiar o estudo desse modo de cooperação económica. Jean Monnet descreve esse esforço comum aliado em dois capítulos do seu livro de *Memórias*: «As Armas da Aliança – 1938-1940» e «O Programa Para a Vitória – 1940-43», onde traça as políticas comuns para «ultrapassar e bater a força material alemã».

Este é também um novo campo de análise e uma nova forma de contar a história da II Guerra Mundial e suas consequências na organização internacional da Europa, ainda pouco comum no ensino universitário, demasiado dependente das versões oficiais fundadoras das comunidades europeias entre 1950 e 1957, mas que começam cada vez mais a fraquejar na compreensão do que pode estar em jogo depois da reunificação da Alemanha e da retomada da liberdade de acção internacional de Berlim. A História não trata só do passado.

VIII

OS PLANOS DOS ALIADOS

Os planos dos Aliados em relação à integração europeia acabaram por convergir para o tratamento a dar à questão alemã depois da vitória das armas, mas antes disso concentraram-se na organização material dessa vitória, como relata um dos «pais fundadores» do Mercado Comum.

No capítulo «O Programa para a Vitória – 1940-1943», das suas *Memórias,* Monnet refere: «Em finais de Dezembro de 1940, escrevi uma nota à atenção de Roosevelt, que preparava a sua mensagem anual ao Congresso. A França, dizia-lhe, é actualmente objecto de grandes pressões por parte dos alemães, que querem obter a sua adesão a uma «Nova Ordem Europeia» e a cedência das suas bases no Norte de África e do resto da sua frota. (...) A mensagem deveria dar conta da posição dos Estados Unidos face à «nova ordem» totalitária que Hitler procurava impor à Europa através da coação e do terror. Sem a anuência dos franceses, não poderá ser estabelecida nenhuma Nova Ordem Europeia... o seu discurso pode galvanizar as resistências (...)»[72].

A mensagem do presidente Roosevelt, de 6 de Janeiro de 1941, faz a apologia das liberdades individuais e políticas e o combate à «nova ordem», que só podia ser imposta «pelas bombas e pela tirania», e faz um apelo ao Congresso para votar os créditos para aumentar o armamento dos Estados Unidos e dos que se opõem a essa ordem nova.

Deste modo, a 25 de Setembro de 1941 os EUA dotam-se do «Programa para a Vitória» (*Victory Program*) que Roosevelt anunciará oficialmente na sua mensagem de 6 de Janeiro de 1942.

Por essa altura, Roosevelt e Churchill vão criar um Combined Chiefs of Staff para as questões estratégicas e Jean Monnet irá propor o já referido Combined Production and Ressources Board.

Para depois da guerra, Jean Monnet centrou logo na Alemanha o principal das suas preocupações europeias, como escreveu na revista *Fortune* na Primavera de 1944: «Imaginava o antigo *Reich* amputado numa parte do seu potencial industrial num sistema em que os recursos de carvão e de aço do Ruhr seriam colocados sob a alçada de uma autoridade europeia e geridos em benefício das nações participantes, incluindo uma Alemanha desmilitarizada.»[73]

---

[72] Jean Monnet, *Memórias*, Ulisseia, 2004, p. 172.

[73] *Ibidem*, p.226. «J'imaginais l'ancien Reich amputé d'une partie de son potentiel industriel dans un système où les ressources de charbon et acier de la Ruhr seraient placées sous une autorité européenne et gérées au bénéfice de nations participants, y comprise une Allemagne démilitarisée.»

Ora, este plano implicava um caminho para a transferência de soberania dos Estados para uma entidade supranacional :

> «No entanto, acrescentava eu, isso implica que a Europa seja unificada, e não apenas na forma de cooperação, mas através de transferência de soberania, admitida pelas nações europeias, para uma espécie de união central, uma união que tenha o poder de reduzir as barreiras aduaneiras, de criar um grande mercado europeu e de impedir a reconstituição dos nacionalismos.»[74]

Demasiado centrado em si próprio, Jean Monnet não nos conta quase nada da história dos planos aliados para a Alemanha e a reconstrução da Europa, embora grande parte da construção europeia depois da II Guerra Mundial tenha a ver com as respostas que os beligerantes queriam dar à questão alemã, depois de assente o princípio de que a paz seria alcançada sem negociações nem condições.

Assim, outros planos vão surgir no final da guerra perante as evidências da derrota militar alemã, e sem esses planos não se pode compreender pelo menos o nascimento da Comunidade Europeia do Carvão e do Aço (CECA) em 1950.

Refira-se aqui alguns desses planos, sobretudo os de origem oficial norte-americana: o Plano Morgenthau, proposto pelo secretário de Estado do Tesouro com o

---

[74] *Ibidem*, p.227. «Cela implique que l'Europe soit unifiée, et pas seulement dans la coopération, mais par le transfert de souveraineté consenti par des nations européennes à une sorte d'Union centrale, une Union qui dit le pouvoir de d'abaisser les barrières douanières, de créer un grand marché européen, et d'empêcher la reconstruction des nationalismes. Là s'arrêtait ma certitude.»

mesmo nome, em Setembro de 1944; e a Directiva para o Comandante-em-Chefe das Forças de Ocupação Norte--americanas na Alemanha, datada de Abril de 1945[75].

O Plano Morgenthau de Setembro de 1944 pretendia internacionalizar as regiões mineiras e industriais como a do Sarre, a do Ruhr e a da Alta Silésia. Na fórmula que Churchill acabará por assinar lê-se: « (...) is looking forward to converting Germany into a country primarily agricultural and pastoral in its character. »

A Directiva do Joint Chiefs of Staff de Abril de 1945 para o Comandante-em-Chefe das tropas norte-americanas na Alemanha refere, na generalidade, que esse plano de desmantelamento da capacidade de produção industrial estratégica «propõe-se eliminar a influência económica além da Áustria, ao mesmo tempo que pretende atribuir responsabilidades político-administrativas aos alemães a nível local, municipal e regional, numa perspectiva de descentralização.»[76]

Até 1950 foram desmanteladas 706 fábricas na parte oriental e a capacidade de produção de aço foi reduzida drasticamente para seis milhões e setecentas mil toneladas.

Em Julho de 1947, com a preparação do Plano Marshall, as restrições impostas pelos Aliados à produção anual de aço começaram a abrandar. As quotas de aço passaram de 25% da produção do pré-guerra para 50%. Ao mesmo tempo a Directiva do JCS nº 1067 é substituída pela nº 1779, que afirma que «uma Europa ordeira e

---

[75] Joint Chiefs of Staff, Directiva nº 1067.
[76] *Foreign Relations of the United States*, Department of State, 1945, vol.3, European Advisory Commission.

próspera necessita da contribuição económica de uma estável e produtiva Alemanha.»[77]

Entretanto os desentendimentos entre os vencedores da II Guerra Mundial fazem-se sentir especialmente no continente europeu e a guerra fria aproxima-se com epicentro na questão alemã[78].

Daí por diante a história da integração europeia passa pela história da emergência política da Alemanha Ocidental no período altamente sensível entre 1948 e 1950 e pela acção diplomática de Konrad Adenauer.

Assim, os recursos do Ruhr em carvão e aço foram dirigidos por um organismo aliado chefiado por Alain Poher que repartia as quantidades, mas a Alemanha recusou sentar-se ao lado dos Aliados, pois já reivindicava a igualdade de direitos e um estatuto internacional fora das modalidades próprias da ocupação militar.

Adenauer, assim que é eleito chanceler em 1949, declara que aceita «uma autoridade que controle as regiões mineiras e industriais da Alemanha, França, Bélgica e Luxemburgo», ampliando deste modo o espaço geopolítico onde uma autoridade internacional poderia gerir os recursos desses quatro Estados. Só lhe faltou avançar com o conceito de Comunidade e de Alta Autoridade...

No final desse ano, Adenauer aceita os acordos de Petersberg que lhe permitiam aceder a um estatuto internacional, assim como a sugestão de Paul Reynaud de estabelecer uma autoridade pública para a repartição do aço europeu.

---

[77] Directiva nº 1779 do Joint Chiefs of Staff, de 10 de Julho de 1947: «An orderly, prosperous Europe requires the economic contribution of a stable and productive Germany.»

[78] Sobre o início da Guerra Fria ver a obra de Tony Judt, *Pós-Guerra – História da Europa desde 1945*, Lisboa, edições 70, 2006.

O Acordo de Petersberg, assinado por Adenauer e os Alto-Comissários ocidentais, em 22 de Novembro de 1949, constitui uma primeira aceitação da soberania das autoridades de Bona, permitindo à Alemanha Ocidental juntar-se ao Conselho da Europa e receber a ajuda do Plano Marshall. Em troca, Adenauer aceita enviar delegados para a Delegação da Autoridade Internacional da região do Ruhr, que havia sido estabelecida em 28 de Abril de 1949, mas no início sem o acordo e a presença das autoridades de Bona.

Adenauer afirmava, em 1949, que um chanceler federal devia ser simultaneamente um bom alemão e um bom europeu. Jean Monnet revela a chave para uma melhor interpretação da frase: «Havia, porém, na ideia de Adenauer, uma preocupação concreta: o Ruhr, o Sarre, isto é, a rivalidade à volta do carvão e do aço, que Adenauer queria sublimar, na acepção física do termo, unindo a França e a Alemanha[79].»

A Alemanha, que fora obrigada a reduzir a produção de aço em 1945 para pouco mais de 7 milhões de toneladas, reclama o dobro em 1956.

Em Abril de 1950, Jean Monnet aborda a questão da seguinte maneira: «A Alemanha já está a pedir para aumentar a sua produção de 11 milhões para 14 milhões de toneladas. Vamos recusar, mas os americanos vão insistir. Finalmente, manifestaremos reservas, mas vamos ceder»[80]. Os franceses vão pois ter de agir em conformidade. Será a célebre Declaração Schuman que dará origem à narrativa oficial sobre a integração europeia no pós-guerra.

---

[79] *Ibidem*, p. 290.
[80] *Ibidem*, p. 297.

A 10 de Maio de 1950, Robert Schuman encontraria em Londres os seus colegas Ernest Bevin, da Grã-Bretanha, e Dean Acheson, dos Estados Unidos, para discutir o futuro da Alemanha Ocidental e o aumento das quotas para a produção industrial desta. Para trás ficaram os planos de empobrecimento da Alemanha, reduzida ao nível de um país «pastoral», dividida em pequenos estados. Até a gestão internacional do Ruhr era posta em causa. Deste modo Jean Monnet considera: «Se conseguíssemos eliminar, entre nós, o receio da dominação industrial alemã, eliminar-se-ia o maior obstáculo à união da Europa»[81]. Da Europa dividida pelo conflito Leste-Oeste, subentende-se.

Deste modo Robert Schuman, ministro francês dos Assuntos Exteriores, com a colaboração, entre outros, de Jean Monnet, antecipa-se e pronuncia a sua célebre Declaração de 9 de Maio de 1950, na qual, além de indicar o método da integração em marcha, «a Europa não se fará de uma só vez, nem por uma construção de conjunto», propõe, em nome do governo francês, colocar em conjunto a produção franco-alemã do carvão e do aço sob uma Alta Autoridade comum, numa organização aberta à participação dos outros países europeus.

Para o percurso seguido neste livro refira-se que, no fim dessa Declaração, estabelece-se que a Alta Autoridade proposta respeitará os poderes conferidos à Autoridade Internacional do Ruhr e todas as obrigações impostas à Alemanha «enquanto estas subsistirem»[82].

A Alemanha Ocidental reconquistava em cinco anos um estatuto de parceiro internacional inimaginável até então, sob a cobertura de uma integração europeia pro-

---

[81] *Ibidem*, p. 298.
[82] Declaração de Robert Schuman, de 9 de Maio de 1950.

posta por políticos franceses como Robert Schuman e Jean Monnet. E, como acentua o historiador Tony Judt, «todos os seis ministros dos Negócios Estrangeiros que assinaram o Tratado (da CECA) em 1951 eram membros dos seus respectivos partidos democratas-cristãos»[83].

Em 1951, a Alemanha Ocidental tornou-se membro da CECA. Isso significou que algumas das restrições na capacidade de produção tomadas pela Autoridade Internacional do Ruhr foram abandonadas e esse papel passou a ser desempenhado pela Alta Autoridade da CECA. Um facto que demonstra que muitas das iniciativas favoráveis à «integração europeia» entre 1947 e 1957 tiveram por objectivo formar o quadro confortável à integração internacional da Alemanha Ocidental.

Uma a uma, as restrições impostas unilateralmente à Alemanha receberam um enquadramento multilateral no âmbito da integração europeia. Em 5 de Maio de 1955, o Sarre voltou para as autoridades alemãs e em Janeiro de 1957 foi integrado na RFA. Três meses depois, em Março de 1957, é assinado o Tratado de Roma em que assentou a integração europeia ocidental até à reunificação da Alemanha em 1989 e o consequente retraimento de Moscovo na Europa de Leste.

Em síntese, a história da integração europeia tem descurado o estudo dos seus aspectos mal (ditos) e olvidado as críticas acesas da forma como assentou a União Europeia, desde o tempo do Tratado de Roma. Vamos recuperar aqui alguns dos argumentos do antigo primeiro-ministro francês Mendés France e concluir-se-á que talvez se tenha lido demais Jean Monnet e de menos Mendés France.

---

[83] Tony Judt, *Pós-Guerra – História da Europa desde 1945,* Edições 70, Lisboa, 2006, p. 194.

O discurso de Mendés France, em Janeiro de 1957, na Assembleia Nacional em França é muito crítico para o Mercado Comum projectado por Jean Monnet para os seis países fundadores.

No plano político, que analisa de relance, o ex-primeiro-ministro deplora a ausência da Inglaterra da comunidade projectada, e chama a atenção para os efeitos sociais de outras uniões como a alemã, a italiana e a dos Estados Unidos depois da guerra civil. Desmente o argumento de que o alargamento do mercado interno seria por si só sinónimo de aumento do bem-estar geral.

Mas será no tópico sobre a salvaguarda da democracia que o alerta é mais sonoro e actual: «A abdicação de uma democracia pode ser conseguida de duas formas, ou pelo recurso a uma ditadura interna concentrando todos os poderes num único homem providencial, ou por delegação desses poderes numa autoridade externa, a qual, em nome da técnica, exercerá na realidade o poder político, que em nome de uma economia saudável facilmente irá impor uma política orçamental, social (e) finalmente uma política…».[84]

As suas maiores preocupações irão para o que se chamará o «modelo social europeu», que ele vê como ameaçado pela necessidade de competitividade no interior do mercado comum.

---

[84] Journal Officiel de la République Française, nº 3, 19 de Janeiro 1957, p. 159-166. «L'abdication d'une démocratie peut prendre deux formes, soit le recours à une dictature interne pour la remise de tous les pouvoirs à un homme providentiel, soit par la délégation de ces pouvoirs à une autorité extérieure, laquelle, au nom de la technique, exercera en réalité la puissance politique, car au nom d'une saine économie on vient aisément à dicter une politique monétaire budgétaire, sociale (et) finalement une politique…»

«A harmonização deve ser feita no sentido do progresso social, no sentido da recuperação em paralelo dos benefícios sociais e não, como os governos franceses temem há tanto tempo, beneficiar os países mais conservadores, em detrimento dos países socialmente mais avançados.»[85]

Daí a necessidade que se aponta de elaborar uma carta social europeia, que na altura se discutia no Conselho da Europa em Estrasburgo, desde Setembro de 1954, assim como desde Janeiro de 1955 se promovia uma conferência na Organização Internacional do Trabalho (OIT) para se estudar as diferenças de custo da mão-de-obra entre os países europeus.

O governo francês havia já elaborado uma lista das convenções aprovadas na OIT para serem ratificadas por todos os países que quisessem pertencer ao futuro Tratado de Roma. Essa iniciativa destinava-se, no dizer do ex-presidente do Conselho francês, a impedir que o Mercado Comum trouxesse graves inconvenientes económicos e sociais àquele país, porque, segundo disse Mendés France a 18 de Janeiro de 1957:

« (...) Não vale a pena dissimular, os nossos parceiros querem conservar a vantagem comercial que têm sobre nós devido ao seu atraso em matéria social. A nossa política deve continuar a consistir, custe o que custar, no impedimento da construção da Europa através da regressão dos direitos da classe operária, e pelo contrário, em detrimento de outras classes sociais que vivem do poder de compra dos operários. A Europa deve ser construída

---

[85] «L'harmonisation doit se faire dans le sens du progrès social, dans le sens du relèvement parallèle des avantages sociaux et non pas, comme les gouvernements français le redoutent depuis si longtemps, au profit des pays les plus conservateurs et au détriment des pays socialement les plus avancés.»

numa perspectiva de expansão e progresso social e não contra uma ou outro.»[86]

Como sempre acontece perante o relativo sucesso em História, os críticos do Tratado de Roma foram silenciados sobretudo depois de o general De Gaulle ter oficializado o eixo franco-alemão em Janeiro de 1963 com Adenauer, se bem que na versão de uma aliança entre a França e a Alemanha Ocidental sob a designação de República Federal da Alemanha, com sede na cidade de Bona.

Mais tarde, os partidos sociais-democratas e socialistas, com o SPD à cabeça, baixaram as suas reticências ao modelo de Jean Monnet de integração europeia e reforçaram o consenso à volta das instituições comunitárias no trânsito entre as décadas de 60 e 70 do século XX. Foi neste quadro que rebentou o 25 de Abril de 1974, um ano mal passado após a adesão à CEE do Reino Unido, República da Irlanda e da Dinamarca, um dos momentos mais altos da história da integração europeia. Esta, na modalidade da CEE, parecia mudar de natureza e avançar para um projecto mais político e democrático, conforme rezava já o próprio Preâmbulo do Tratado de Roma. A posterior entrada da Grécia (1981), de Portugal e da Espanha (1986) mais reforça essa ideia durante todo o resto do século XX.

---

[86] «... ne nous ne le dissimulons pas, nos partenaires veulent conserver l'avantage commercial qu'ils ont sur nous du fait de leur retard en matière social. Notre politique doit continuer à consister, coûte que coûte, à ne pas construire l'Europe dans la régression au détriment de la classe ouvrière et, par contrecoup, au détriment des autres classes sociales que vivent du pouvoir d'achat ouvrier. Il faut faire l'Europa dans l'expansion et dans le progrès social et non pas contre d'une et l'autre.»

Só a partir da reunificação alemã, da bulimia tratadística entre 1992 e 2007 com os Tratados de Maastricht, de Amesterdão, de Nice, do malogrado constitucional de 2005, e do neodiplomático assinado em Lisboa em 2007, se percebeu que a União Europeia tinha perdido, oscilado e finalmente mudado de centro de gravidade.

As dificuldades e os erros políticos praticados, quer na União Europeia, quer na Zona Euro durante a crise financeira de 2008 e perante a questão dos países «periféricos» obrigam, no entanto, a compreender melhor as diferentes visões passadas da unificação europeia para se perceber melhor os futuros possíveis nesta emergência internacional.

IX

NÃO HÁ MAPA COR-DE-ROSA
(sobre Portugal na balança da Europa)

> «*O mesmo que Portugal até aqui era,
> já ele não pode ser*»
> Almeida Garrett[87]

Este dado, já verdadeiro após a independência do Brasil e os primórdios da evolução do Portugal liberal, voltou a estar presente no início do actual regime democrático. Almeida Garrett opta pela análise da inserção do país na balança da Europa, Alexandre Herculano procura a identidade profunda da sociedade nas raízes europeias-medievais, Rebelo da Silva, na sua *História de Portugal*, publicada em 1860, aborrece a dimensão colonial explicitamente no prefácio da primeira edição:

---

[87] Almeida Garrett, *Portugal na Balança da Europa*, Lisboa, Livros Horizonte, sd., p. 199.

«Não nos deslumbram as glórias dos descobrimentos e das conquistas, nem as prosperidades que realçaram o esplendor do ceptro de el-rei D. Manuel»[88].

A «dimensão ultramarina» do Estado português conhecerá, no entanto, uma hipertrofia política e ideológica entre 1890 e 1974, que irá obscurecer os outros interesses vitais da sociedade de uma forma explícita, nomeadamente os interesses propriamente europeus.

De uma forma geral a sociedade portuguesa manteve-se alheia a esses planos de integração europeia por razões mais ou menos conhecidas. O documento que melhor sintetiza essa atitude ainda é a circular enviada às Missões Diplomáticas por Salazar em 6 de Março de 1953. O pensamento de Salazar sobre a integração europeia, como ela se desenhou após a II Guerra Mundial, aparece compendiado numa circular para as Missões Diplomáticas datada de 6 de Março de 1953. Embora Salazar atribua em primeiro lugar aos Estados Unidos, 'pela simplicidade do seu espírito e ligeireza das suas posições' e à França, que se lhe afigura 'um país cansado de lutar e a quem a plena independência parece pesar', a vontade da formação de uma federação europeia, depois, 'será a Alemanha quem deverá conduzir efectivamente a federação para todos os seus destinos'.

A questão da federação europeia parece ainda preocupar Salazar em dois aspectos particulares: 'o regime político e as colónias ou domínios ultramarinos'.

Quanto às consequências sobre os regimes políticos, Salazar ilude a problemática que se coloca aos regimes ditatoriais apresentando a questão sob o aspecto de um antagonismo entre monarquias e repúblicas: 'não me

---

[88] Rebelo da Silva, *História de Portugal – Séculos XVII e XVIII*, Prefácio, edição da IN, 1971, pp XII-XIII.

parece oferecer dúvidas que essa federação em cujo seio entrariam de começo três grandes repúblicas e três pequenas monarquias se faria ou fará sob a égide republicana'.

Não seria outro o receio salazarista? No que diz respeito aos domínios ultramarinos, Salazar limita-se a retomar as preocupações e os argumentos avançados por Luís Teixeira de Sampayo vinte e três anos atrás:

«Tenho dúvidas sobre se a questão colonial não estará na base de alguns entusiasmos federativos. (...) os domínios ultramarinos dos Estados federados serão, pela evidência das coisas e a impossibilidade de se dispor diferentemente, integrados na federação. Esta herdará, pois, em benefício do conjunto as colónias belgas, holandesas e francesas»[89].

Mesmo a nossa interpretação espelhada neste livro de uma proto-história da integração europeia de Portugal, ancorada na participação na I Guerra Mundial, não acolhe grande entusiasmo entre os nossos pensadores da identidade histórica da sociedade portuguesa. A maior parte deles continua com o mapa das colónias na cabeça, na versão desmedida do fantasmagórico Mapa Cor-de-Rosa.

Por todas essas razões o Estado português manter-se-á afastado e distante das intenções e dos planos referentes às diversas propostas de integração europeia recolhidas neste livro. Como já escrevi num estudo onde traço essa resenha: «as correntes antieuropeias ficaram, desde então, com o vento de feição. Desenvolveram-se posições políticas e doutrinais destinadas a afastar Portugal de

---

[89] J. Medeiros Ferreira, *A Nova Era Europeia*, Lisboa, Editorial Notícias, 1999, p.24.

tentações ou de pretensões europeias: o destino era África, a comunidade luso-brasileira e a neutralidade ou a distância perante os problemas europeus. E, de vez em quando, lá apareciam teses de aproximação com a Espanha, como no período inicial do Pacto Ibérico, ou durante a fase de entendimento entre Marcello Caetano e López Rodó»[90].

O imaginário do Mapa Cor-de-Rosa foi literalmente uma representação cartográfica contra a Europa que acabava a sua fase liberal novecentista e abria o caminho para a expansão colonial. O projecto do Mapa Cor-de--Rosa recebeu logo muitas críticas mas também incendiou muitas cabeças. Ficou como símbolo de mitificação e irrealismo, de fuga para a frente sem ter em conta nem a política internacional nem os interesses e meios da política doméstica. Um desastre estratégico escamoteado ulteriormente pelas reacções patrióticas ao *Ultimatum* inglês de 1890. Com o veneno do poderio colonial a percorrer as veias do corpo nacional, Portugal viveu sob o signo da apregoada «missão civilizadora» entre 1891 e 1974, perdendo o pé nas questões europeias, de que recebia notícias de longe. Mesmo assim, e como já vimos neste livro, algumas posições foram tomadas pelas autoridades portuguesas em várias ocasiões[91].

Depois da entrada da República Portuguesa na CEE, e sobretudo durante o período das vacas gordas até ao início do século XXI, muitas foram as interpretações «pró-europeias» dos passos dados por altos funcionários do Estado, e alguma historiografia da «continuidade» não

---

[90] *Adesão de Portugal às Comunidades Europeias – História e Documentos*, Ed. Parlamento Europeu, Assembleia da República, Comissão Europeia, 2001. Introdução de J. Medeiros Ferreira, p.12.

[91] *Ibidem*, p. 11-32.

deixou de lhes seguir as pistas como prova de admissão pessoal ao clube dos situacionistas. Mas basta ler o que escreveu o embaixador belga Max Wery sobre a elite da época marcellista para se perceber os limites desta operação de perda de memória colectiva sobre a orientação africanista da política externa do regime anterior:

«Era uma elite incontestavelmente instruída no aspecto do saber. No entanto, privada de contactos prolongados com os países estrangeiros, permanecera à margem da evolução das ideias. (…) Era visível que o regime político a isolara perigosamente. (…) A fé na perenidade do império português era absoluta»[92].

Era ainda a miragem persistente da alternativa ultramarina.

Com os acontecimentos do 25 de Abril de 1974 e o processo de descolonização subsequente, a frase de Garrett que nos serve de epígrafe – «O mesmo que Portugal até aqui era, já ele não pode ser» – revelou-se de novo actual. Foi nesse contexto que o I Governo Constitucional, logo em Julho de 1976, no programa apresentado à Assembleia da República, promoveu a chamada «opção europeia» que se consubstanciou no pedido de adesão plena ao Tratado de Roma em Março de 1977, e na posterior entrada na Comunidade Europeia, em 1 de Janeiro de 1986. Mas sem procurar nela um novo Mapa Cor-de--Rosa, nem novos Brasis ou novas especiarias orientais, mesmo que a pudesse ter concebido apenas como uma fase mais ou menos prolongada da inserção de Portugal no contexto mundial.

A «opção europeia» destinava-se a ultrapassar a história das aventuras comerciais internacionais, marcada

---

[92] Max Wery, *E Assim Murcharam os Cravos*, Lisboa, Fragmentos, 1994, p.35.

pelos ciclos exógenos das especiarias, da mineração, do tráfego de escravos durante o século XIX, exactamente até à abolição da escravatura no continente americano – EUA (1865) e Brasil (1891) – e do comércio legal, ou não, com os beligerantes, enquanto potência neutra nos grandes conflitos, desde a guerra anglo-boér (1899-1902) até à venda de combustíveis para os nacionalistas durante a guerra civil de Espanha ou de volfrâmio para a Alemanha nazi durante a II Guerra Mundial. Ou seja, em termos de comércio internacional os agentes económicos portugueses tinham-se viciado na troca de produtos cujo valor acrescentado lhes era exponencial em termos comparativos, por se situarem na fronteira do comércio ilícito e do risco acrescido.

Mesmo a política colonial no século XX não deixou de ser, por definição, a manutenção de uma posição exclusiva nos mercados desses territórios coloniais, além da procura sistemática de ocasiões para desfrutar, em situações de marginalidade internacional, da cobrança de facilidades nos casos das condenações do *apartheid* da África do Sul, ou por causa da independência branca unilateral decretada por Ian Smith para a Rodésia do Sul em meados dos anos 60.

Um historiador como Pedro Aires de Oliveira refere a este propósito a «experiência acumulada pela diplomacia portuguesa em fintar bloqueios internacionais»[93].

A entrada na CEE obedecia portanto a uma outra linha de adaptação da economia portuguesa às regras do comércio internacional, depois do fim do ciclo colonial. Mas percebe-se melhor o engodo da sociedade portuguesa pela chegada dos «fundos estruturais» da

---

[93] Pedro Aires de Oliveira *Os Despojos da Aliança. A Grã-Bretanha e a Questão Colonial, 1945-1957*. Lisboa, Tinta da China, 2007, p.336.

Comunidade Europeia, se tivermos em conta essa longa história de drenagem atípica de rendas exógenas por parte dos agentes económicos nacionais. Porém, a adesão à Comunidade Europeia exigia uma capacidade acrescida do Estado como instrumento negocial externo da sociedade portuguesa.

A República Portuguesa aderiu à Comunidade Europeia há 25 anos, mas negoceia com ela há mais tempo. Desde os pressupostos do pedido de adesão em 1977 até aos nossos dias desenvolveu-se uma prática negocial que ainda não tem teoria nem manual.

Com efeito, a Comunidade Europeia tem vindo a dotar-se sucessivamente de novas formas e de novos diplomas. Desde o Acto Único de 1985, até ao mercado interno e ao mercado único, à UEM de 1992, ao Tratado de Maastricht em 1992, ao de Amesterdão em 1997, ao de Nice em 2001 e ao de Lisboa já em 2007, passando pelo malogro do Tratado de 2005, e do Pacto de Estabilidade de 1998 ao Pacto de Competitividade de 2011, ou ao Pacto Orçamental de 2012, dir-se-ia que a UE perdeu o seu centro de gravidade e prossegue uma espécie de «revolução permanente» nos seus objectivos e métodos de decisão que não é favorável ao aumento da confiança entre os parceiros e faz de cada negociação um risco e um caso de estudo. Chegou-se ao limite dessa metodologia da metamorfose.

A República Portuguesa entrou na Comunidade Europeia no melhor período desta, mas depois do estabelecimento da zona euro, do grande alargamento a Leste e da crise financeira internacional, abriu-se uma fase de dificuldades no relacionamento entre os Estados e no crescimento económico, que é a actual. Ressurge assim a tentação da procura de um qualquer mapa cor-de-rosa que dê a ilusão de uma alternativa.

Acresce que, depois da ratificação do Tratado de Lisboa, com a mudança da ponderação dos votos suficientes para as minorias de bloqueio, emergiu um directório de facto dentro e fora dos órgãos formais da União Europeia. Este novo dado veio alterar as condições de negociação e tomada de decisões comunitárias, além de ter operado um recuo na «Europa dos Cidadãos». No lugar desta, emergiu de novo a «Europa das Chancelarias», simbolizada na recusa dos referendos sobre a matéria em causa e nas cimeiras bilaterais e de chefes de governo que depois se multiplicaram com a crise das dívidas soberanas.

É recorrente a caracterização da UE como uma entidade internacional *sui generis* em que as partes estão envolvidas numa «negociação permanente». Mas é mais raro apresentar essa negociação permanente como decorrente da frequente mudança de objectivos, metas, protagonistas e calendários no interior da própria União. Analisar essas variáveis e mudanças no seio da UE é cada vez mais importante para situar o rumo.

Por si só o método da «negociação permanente» não é negativo, antes pelo contrário, pois permite evitar os perigos do «dilema do prisioneiro», quando tudo se decide num só lance. Um constante jogo de perdas e ganhos sobe as probabilidades das compensações futuras próprias da cooperação internacional.

Mas também existem vários e graves inconvenientes decorrentes do método: incerteza quanto às aquisições efectivas, indeterminação dos reais objectivos, aumento das cautelas nas transferências de soberania, necessidade constante de medidas e mecanismos de confiança entre os parceiros e os Estados envolvidos. Nada fica adquirido, tudo pode ser perdido numa fase posterior. Sobretudo se houver no interior da UE alguns Estados com espírito predador sobre as sociedades vizinhas.

O problema com a «negociação permanente» nas instâncias da integração europeia reside na multiplicação e transformação de objectivos da Comunidade, muitas vezes durante os processos negociais em curso.

Apresente-se o caso das negociações para a adesão de Portugal à CEE entre 1977 e 1985. Enquanto a República Portuguesa discutia laboriosamente em Bruxelas os termos do Tratado de Adesão com os seus períodos de transição, as suas excepções e derrogações sectoriais, surge paralelamente a elaboração do Acto Único entre 1984 e 1985, que acelera metas e calendários para o Mercado Interno, consolida a cooperação política entre Estados, reduzindo assim o âmbito dos tratados de adesão de Portugal e de Espanha, com a sua entrada em vigor no mesmo ano da entrada dos dois Estados da Península Ibérica, essa «adjacência não-democrática», como foi crismada no processo das malogradas conversações de 1962[94]. A dúvida hoje reformula-se apenas baseada na noção de «adjacência» aplicada à Península. Ou seja, pelo uso dado à expressão geopolítica dos «Estados periféricos» e por um novo paradigma da acção das maiores potências fora da letra dos Tratados e Pactos.

Quando o governo português se declarou «bom aluno» de Bruxelas ainda não tinha avaliado convenientemente a qualidade dos mestres[95]...

Se as teses histórico-económicas de Lúcio de Azevedo sobre a sociedade portuguesa ainda fossem aplicáveis, dir-se-ia que há vinte e cinco anos entrámos no ciclo da Comunidade Europeia. Foi um ciclo de prosperidade ge-

---

[94] José Medeiros Ferreira, *Cinco Regimes na Política Internacional*, Lisboa, Ed. Presença, 2006, p. 145.

[95] José Medeiros Ferreira, «Bons alunos de maus mestres», in *Revista de Relações Internacionais*, n.º 7, Lisboa, IPRI, 2005, pp. 89-96.

ral até à criação da zona euro, prosperidade atenuada por esta fase oscilante da moeda continental e de progressão do mercado mundial expressa no fim do acordo multifibras em 2004 e na acção da OMC. Fora da Comunidade teria sido muito pior. Mas esta visão da entrada na CEE como fazendo parte de mais um ciclo económico é mais virtuosa do que parece para o futuro[96].

Portugal tem razões para estar satisfeito com essa opção estratégica tomada pelo I Governo Constitucional e logo inscrita no seu programa, se bem que só no capítulo da política externa. Se se ler essa parte do programa tornam-se visíveis vários pressupostos do pedido de adesão à então CEE, formulado em 1977:

— o pressuposto do alargamento da CEE, o que na altura não estava definido;

— o pressuposto de um pedido semelhante da Espanha no futuro e o da posterior entrada desta na Comunidade Europeia;

— o pressuposto da aproximação dos países africanos saídos da descolonização de 1975 à então Convenção de Lomé, que nem os mais ousados previam, e que se verificou antes de Portugal entrar na CEE em 1986;

— o pressuposto de, à rapidez do pedido de adesão, se seguir um pausado período negocial, estimado na altura em cinco anos e que acabou por durar oito[97].

---

[96] José Medeiros Ferreira, «O Ciclo da Comunidade Europeia», *Diário de Notícias*, 4 de Janeiro de 2006.

[97] *Programa do I Governo Constitucional*, capítulo da Política Externa, Lisboa, 1976.

Se não tivéssemos pedido a adesão plena naquela altura não teríamos sido Estado-membro ainda com a Comunidade Europeia em franca prosperidade, como aconteceu em 1986. Uma coisa foi ter aderido em 1986 à «pequena Europa dos Nove», outra ter sido integrado de roldão na «Grande Europa» do alargamento a Leste.

E, contrariamente à mistificação que se teceu depois da resposta afirmativa da CEE ao pedido de adesão da República Portuguesa, muitos foram os que preconizaram fórmulas recuadas no processo de integração europeia, e essas fórmulas tinham em comum evitar a adesão plena nos termos do artigo 237º do Tratado de Roma. Essas resistências foram internas e externas e pretendiam, de facto, impedir o pedido de adesão ou a resposta afirmativa da Europa dos Nove.

No seu livro *Mário Soares – o que falta dizer*, este descreve uma reunião que teve «com os economistas de maior reputação à época», no Hotel Palace do Estoril, em que todos lhe «disseram que não devia apresentar a candidatura, que era preciso negociar um bom tratado de associação, mas que ficássemos de fora»[98].

A nível externo, as informações dadas ao MNE na reunião de embaixadores, realizada nas Necessidades a 4 de Fevereiro de 1977, também não eram todas animadoras. Mas foi tomada a decisão de pedir a adesão plena e disso informar as capitais dos Estados-membros. No princípio de Abril veio a resposta afirmativa[99].

Estes mais de vinte e cinco anos do ciclo europeu de Portugal sucederam-se às décadas da pimenta, dos

---

[98] Mário Soares, *Mário Soares – o que falta dizer*, Lisboa, Casa das Letras, 2005, p. 92.
[99] Francisco de Castro, *O Pedido de Adesão de Portugal às Comunidades Europeias*, Lisboa, Principia, 2010.

diamantes, da exploração colonial. Já estivemos mais seguros do que se pretendia da União Europeia. A União Europeia já esteve mais segura do que pretendia para si própria. A entrada neste século XXI «ainda tão pequeno» não nos deixa antever, porém, um futuro excessivamente optimista. A República Portuguesa aderiu a uma Europa Ocidental que já não existe e espera por um esclarecimento suficientemente claro do destino da zona euro e do que ficará da União Europeia.

Com a Comunidade Europeia a sociedade portuguesa cobriu-se com uma fina membrana de modernização e progresso, que rompe aqui e ali, enlaçou-se o mais protegida possível com o mercado mundial, viciou-se no rotativismo dos dois grandes partidos centrais do sistema, copiou, como boa aluna, mesmo os maus mestres, e atentou contra a sua capacidade de pensamento estratégico próprio. Tudo isto é reversível em termos de futuro caso se tenha consciência histórica do ciclo e se evite um isolamento ibérico numa «grande» Europa que corre o risco de se desintegrar.

Essa necessidade de consciência histórica do que procuramos neste ciclo europeu leva-me a revisitar o passado português, tão mitificado e tão pouco analisado nos seus diferentes aspectos.

Começo pelo século XX, mas de outra maneira.

O Estado português entrou no século XX com o problema da dívida externa por resolver. No entanto, eram as questões coloniais aquelas que mais inflamavam os discursos sobre a posição internacional de Portugal. Porém, embora sem realce nos manuais, foram as sucessivas negociações financeiras que marcaram as relações internacionais do país, até, pelo menos, 1931. Ora, a República Portuguesa chega ao seu centenário com a magna questão do financiamento exterior da sua economia por resolver. E só lhe pode fazer frente com uma política externa própria e activa. Mas com uma política externa. Sem esta, não haverá investimento externo nesta faixa da Península Ibérica, nem poder de atracção sobre as economias emergentes como as de Angola ou do Brasil, nem ambiente de segurança para a evolução autónoma da República Portuguesa. O Estado deve ser o nosso melhor negociador internacional. E neste século XXI, grande parte da política externa dependerá da capacidade negocial dos principais agentes económicos, culturais e políticos. O índice negativo mais grave para a República Portuguesa é o da degradação acentuada da sua capacidade negocial internacional.

Caso o estudo das negociações financeiras internacionais do Estado português nos séculos XIX e XX estivesse feito, entender-se-ia facilmente que grande parte da política externa nesse tempo teve uma natureza material e financeira, e isso por um motivo muito preciso: a taxa de poupança interna sempre foi insuficiente para dar resposta aos desafios do desenvolvimento material da sociedade portuguesa. Desde o convénio com os credores externos de 1902, até aos suprimentos do Banco de Inglaterra entre 1916 e 1918, passando pela disputa das reparações de guerra na Conferência de Paz de 1919 e do diferendo de uma década com a Alemanha para o pagamento das indemnizações, até à questão do aval a um empréstimo externo pelo Comité Financeiro das Sociedade das Nações em 1927, assim como a prolongada drenagem colonial da metrópole, e o comportamento comercial com os beligerantes durante a II Guerra Mundial, a história da política externa portuguesa é, em grande parte, a história da captação do capital no exterior para as necessidades da economia interna. Como muitas dessas negociações passavam pelo Ministério das Finanças, pouco relevo se tem dado a essa dimensão da política externa nacional e quase nada se aproveita dessa longa experiência de negociações financeiras internacionais.

E, no entanto, bem se pode arquitectar uma outra história das relações internacionais de Portugal através do percurso das negociações financeiras, desde o tempo de Costa Cabral, de Fontes Pereira de Melo e de Hintze Ribeiro até às recentes operações que culminaram com os montantes e os juros actuais da «dívida soberana». A actualidade tem sempre a sua história.

Os protagonistas do regime democrático deviam estar mais prevenidos para esses aspectos financeiros das relações internacionais da República Portuguesa do que os historiadores da diplomacia política.

Desde logo porque a consolidação financeira do actual regime democrático começou, do ponto de vista internacional, com a chamada «operação do grande empréstimo», no valor de mil e quinhentos milhões de dólares, a fornecer por um consórcio de países liderados por Washington, em 1977, que assim recuperava um antigo projecto de ajuda financeira a Lisboa no contexto de uma política de descolonização e de viragem para uma economia «with the open trading and payments system of Europe and the industrial countries generally», como se escreveu num *memorandum* de origem oficial norte-americana, datado de 28 de Janeiro de 1977 e entregue ao governo português na altura.

Apresentado pelo embaixador norte-americano Frank Carlucci em Lisboa ao governo de Mário Soares, o documento propunha um plano de acção por fases e sugeria o estabelecimento de um consórcio internacional constituído pela Alemanha, França, Japão, Reino Unido, Itália, Bélgica, Holanda, Canadá, Suécia, Suíça, Dinamarca, Noruega, Áustria, Irlanda e Venezuela, já que Portugal tinha «an acute Foreign Exchange cash shortage and will likely continue to suffer for another two or three years from balance of payments deficits that cannot be covered by private transfers or usual international credits alone».

Essa percepção de que a escassez de meios de pagamento sobre o exterior não podia ser resolvida apenas pelos clássicos métodos do crédito internacional honra o governo norte-americano da altura e devia servir de exemplo aos decisores da UE para responderem às actuais dificuldades colocadas pelos mercados às «dívidas soberanas» a alguns dos seus Estados-membros.

Essa operação afunilou-se num acordo *stand-by* com o FMI, depois de uma reunião em Paris, em Junho de 1977, em que os negociadores financeiros europeus esqueceram a dimensão excepcional e política da iniciativa governamental norte-americana. E foi assim que, por duas vezes, a República Portuguesa recorreu ao FMI antes da sua entrada na Comunidade Europeia, em 1978 e 1983. Seria, aliás, um bom exercício recensear as entidades que nessa altura defenderam a vinda, rapidamente e em força, do FMI para Portugal.

Paralelamente negociou-se o Tratado de Adesão à CEE, um longo processo em que as questões económicas e financeiras estiveram no centro da mesa durante oito anos. Nunca se fez tanta «diplomacia económica» concentrada como durante o processo negocial que conduziu ao Tratado de Adesão da República Portuguesa à então CEE.

Da negociação no ciclo europeu

Não há uma só obra em Portugal sobre a governabilidade partilhada e as negociações decorrentes no âmbito da União Europeia. Como já se escreveu, desenvolveu-se uma prática negocial que ainda não tem nem teoria nem manual.

E, no entanto, a questão é de relevo para um país como Portugal cuja cultura de política internacional está imersa num banho de espuma sobre eventuais constantes da diplomacia que hoje não se verificam: a aliança luso-britânica, a defesa das colónias, o iberismo e o anti-iberismo, o Portugal oceânico e ultramarino, de nada valem na actual fase da inserção internacional de Portugal

Sem se perceber o que se passa na União Europeia andamos à deriva. E para perceber o que se passa na UE é preciso arredar a forte e densa dogmática erguida à sua volta. E partir de um ponto de vista empírico e inovador. Os recentes acontecimentos e a crise da zona euro facilitam essa mudança entre os espíritos.

Ora, o estudo das grandes decisões portuguesas no âmbito da integração europeia está por fazer no respeitante às razões, objectivos, interesses, resultados e consequências. Mas não se deixa de detectar uma persistente anemia estratégica.

Pouco, ou nada, se sabe sobre o processo negocial de adesão entre 1977 e 1985 e respectivo Tratado, embora ainda seja o período sobre o qual mais se escreveu[100].

---

[100] Ver, entre outros, Francisco de Castro, *O Pedido de Adesão às Comunidades Europeias*, Principia, Cascais, 2010; Nicolau Andresen Leitão, organizador, *20 Anos de Integração Europeia. O Testemunho Português*, Lisboa, Cosmos, 2007; AAVV, *Portugal e a Construção Europeia*, Coimbra, Almedina, 2003; AAVV, *Portugal e a Integração Europeia A perspectiva dos actores*, organizadores, A. Costa Pinto e N. Severiano Teixeira, Lisboa, Temas e Debates, 2007.

Pouco, ou nada, se sabe sobre as derrogações dos períodos transitórios, sobre a reforma da PAC em 1992, e sobre os mandatos para as organizações comuns de mercados (OMC).

Pouco, ou nada, se sabe sobre a decisão da entrada do escudo no Sistema Monetário Europeu (SME) em Abril de 1992, embora seja sobre esse caso que existe a única confissão de um desaire negocial português em Bruxelas.

Pouco, ou nada, se sabe sobre a decisão da entrada do escudo na zona euro e sobre os procedimentos que levaram à taxa de conversão do escudo em euros, em 1999.

Ora, a conjugação da taxa de câmbio do escudo em écus em 1992, com a taxa de conversão do escudo em euros em 1999, criou sérias dificuldades à economia portuguesa, bem visíveis no período posterior. Mas os monetaristas preferem tomar posição sobre o derivado défice orçamental e o endividamento externo e não sobre as causas negociais do monstro em que muitos estiveram envolvidos e que deu origem a uma zona monetária péssima.

Pouco, ou nada, se sabe sobre as condições de aceitação do superveniente Pacto de Estabilidade e, no entanto, ele condiciona quase toda a política orçamental e a própria execução dos fundos comunitários desde 2001. O défice zero chegou a estar ditado para 2004 para todos os países da zona euro e depois essa meta foi sucessivamente adiada. Agora consta nos documentos para ser aplicada em 2017. A realidade não é geométrica e resiste mesmo às ideologias armadas por calendários insertos em acordos internacionais.

É verdade que existem testemunhos celebrativos mas a maioria insere-se mais na tradição épica do que na narrativa histórica. Estão por escrever *As Décadas da Europa*...

Não deixa de merecer relevo o facto de nestes vinte e cinco anos de participação de Portugal na União Europeia, só existir, que se saiba, uma confissão pública de uma derrota negocial em Bruxelas por parte de uma delegação nacional.

O autor dessa confissão é o Professor Cavaco Silva, que, no II volume da sua *Autobiografia*, nos dá algumas informações sobre o desenrolar da reunião dos governadores dos bancos centrais em 4 de Abril de 1992, que fixou a taxa de câmbio do escudo e a consequente entrada no Sistema Monetário Europeu com um valor que prejudicou a competitividade das empresas exportadoras portuguesas: «o principal ponto de discórdia estava na taxa de câmbio do escudo proposta pelo Governo... 180 escudos, em relação à moeda comunitária denominada ECU. Era uma cotação que os nossos parceiros não queriam aceitar, porque representava uma desvalorização superior a 2% em relação à taxa observada no mercado. Para ultrapassar o impasse, dei indicações para que fosse aceite a proposta de compromisso apresentada pelo governador do Banco da Alemanha, Hans Tietmayer de uma taxa de câmbio de 178,753 escudos por ECU»[101].

E revela as reacções dos empresários portugueses: «foi uma decisão que me custou fortes críticas e alguma impopularidade (…). Vieram dos empresários as críticas mais violentas. Confrontados com a recessão económica (...) e pouco vocacionados para apostar no aumento da produtividade, na inovação e na melhoria da qualidade dos produtos (...) não admitiam que essa possibilidade (da desvalorização do escudo) desaparecesse».

---

[101] Aníbal Cavaco Silva, *Autobiografia*, volume II, Lisboa, Ed. Círculo de Leitores, 2004, pp. 204-208.

Relembre-se que, em Setembro de 1992, a libra saiu do Sistema Monetário Europeu para não mais voltar. Portugal rompia assim com uma trajectória que o ligava a Londres. Em termos monetários traçámos um rumo continentalista, seguindo a peseta e o marco, até ancorar na zona euro. A zona euro que se defende hoje nas ibéricas «linhas de Torres», segundo os geomonetaristas!

Hoje não oferece dúvidas que a criação da zona euro foi mal concebida e que se tem revelado negativa para quase todas as partes envolvidas.

Sobre a mudança da mesa nas negociações europeias

A entrada da República Portuguesa na Comunidade Europeia, em 1986, coincidiu com um dos melhores períodos desta. Porém, a mudança de século revelou-se madrasta para o projecto europeu. Está na altura de se tentar perceber porquê, tanto mais que até aqui se não vislumbram inimigos perigosos do projecto europeu. Os marginais fascizantes, os esquerdistas minoritários, os soberanistas na defensiva, os integracionistas radicais, nem separados, nem todos juntos, se constituíram, até agora, em adversários temíveis, ou sequer decididos, da União Europeia. E aqui faça-se uma distinção entre UE e zona euro.

Porém, uma das características mais relevantes da conduta internacional da Comunidade Europeia é a transformação constante de objectivos, e a mudança discreta da mesa onde decorrem as negociações mais importantes. E não me refiro só às mudanças entre o método comunitário e o método intergovernamental.

Assim, enquanto Portugal e a Espanha labutavam arduamente para consagrar, nos respectivos Tratados de Adesão, as garantias da sua integração harmónica, numa perspectiva de defesa de alguns interesses nacionais mais sensíveis, os altos representantes da CE transmudavam a cena dos objectivos a fixar através da elaboração do então chamado Acto Único. Grande parte das garantias alcançadas em 1985, no Tratado de Adesão, foram ultrapassadas em 1986 pelo Acto Único.

E a República Portuguesa passou a ter dois diplomas orientadores da sua inserção na CEE: o Tratado de Adesão, que negociara com tanto tempo e esforço, e o Acto Único que apontava novas metas para a Comunidade Europeia, *maxime* o aprofundamento do mercado único e a união económica e monetária e na elaboração do qual fora um mero observador no ano crucial de 1985.

O Acto Único, acompanhado pelo *Livro Branco* de Jacques Delors, ultrapassava de certa maneira o Tratado de Adesão de Portugal, fixando as metas do mercado único para 1992 e acelerando o objectivo da união económica e monetária. Por cá, todos acharam natural o expediente, se é que o captaram em toda a sua potencialidade para o futuro.

O êxito na execução do *Livro Branco* de Jacques Delors preencheu o universo da Europa dos 12 com as directivas fundamentais para a criação do mercado único em 1992 e para o salto em frente na união económica e monetária. A República Portuguesa lá se aguentou o melhor que pôde até 1992, o ano da sua primeira presidência. Mas então a história da Comunidade Europeia ainda era sobretudo a história da Europa Ocidental.

Esse êxito da Comunidade Europeia a 12 coincidiu com um terramoto no mapa político do continente, cujo epicentro foi a unificação alemã.

A partir de 1992 acentuou-se a tendência manifesta de uma mudança na hierarquia dos objectivos da União Europeia. O Tratado de Maastricht assinalou o ponto de viragem e tiveram razão os que defenderam o recurso ao referendo na ocasião.

Desde a unificação da Alemanha e da emergência das democracias de Leste, consequentes à retirada russa, que o projecto da comunidade europeia perdeu o centro de gravidade e levita entre massas oscilantes. Em vinte anos dotou-se a União Europeia de quatro Tratados consecutivos: o de Maastricht que a criou em 1992, o de Amesterdão em 1997 que a consolidou, o de Nice em 2001 que a abriu ao alargamento imperativo, e o de Lisboa em 2007 que permitiu o directório europeu. O método foi sempre o mesmo: gradualista e aberto a todas as indefinições sobre o futuro. Já a união monetária decorreu de outro modo: da moeda única para as suas consequências. Agora juntam-se os aspectos críticos dos dois processos: crise política e financeira e menor crescimento económico dos países da zona euro. Está na hora de uma definição sobre os fins últimos da UE e o seu verdadeiro âmbito depois da unificação alemã e do extensivo alargamento a leste. O federalismo monetário está na ordem do dia. Mas eis que até no interior da Alemanha os *länders* mais ricos como a Baviera, o Hesse, o Bade-Wüttenberg pretendem impedir transferências financeiras para o Fundo de Compensação Federal da Alemanha…

Há uma crise de confiança entre os parceiros da UE. A conjugação da criação da zona euro com o alargamento a dez países de uma assentada mostrou os limites do andamento da bicicleta da fábula de Delors.

É certo que a existência da zona euro foi envenenada pelo raquitismo das funções do Banco Central Europeu e pelas normas do Pacto de Estabilidade, que reacenderam as desconfianças entre o Norte o Sul da Europa, e pelo menor crescimento dos países da zona euro em relação a outros que dela não fizeram parte: Grã-Bretanha, Suécia, Dinamarca, República Checa, Polónia.

O Pacto de Estabilidade e Crescimento foi negociado sem razoabilidade e resultou da demissão política e técnica de uma boa parte dos políticos europeus rendidos aos monetaristas de Frankfurt. Hoje sabe-se o resultado dessa alienação. Quase todos os Estados da zona euro mentem em Bruxelas na elaboração dos seus orçamentos e nas previsões dos programas de estabilidade. Antes, apenas se pedia aos ministros das Finanças para apresentarem contas transparentes e credíveis. Agora, não há quem passe sem umas lições de camuflagem de despesas e de optimismo metodológico na previsão das receitas. Tudo isto levou em linha curva ao descrédito do Pacto de Estabilidade, e à tentação de o substituir por algo ainda pior, quando a solução só pode estar na optimização da zona monetária dotando-a de meios financeiros robustos. Assim se chegou ao «Semestre Europeu» e ao Pacto Orçamental em 2011 e 2012.

Em termos portugueses, é hoje notório que os efeitos sobrepostos no encadeamento entre a taxa central de câmbio do escudo para a entrada no sistema monetário europeu em 1992 e a taxa de conversão do escudo em euros em 1999 contribuíram para as dificuldades económicas e financeiras com que o país se defronta no presente e que foram agravadas pelo rápido aumento do endividamento externo público e privado induzido pelas facilidades de crédito e pelas baixas taxas de juro durante uma década.

A obesidade infantil da moeda europeia é hoje visível a olho nu e algum remédio se terá de encontrar. As nossas autoridades monetárias – que tanto se manifestam sobre as medidas sociais internas que nem são da sua responsabilidade tomar – deveriam cuidar mais da vertente externa, desde o ECOFIN até ao BCE, no sentido de ajudar a desbloquear o desenvolvimento da zona euro. Não deixa de ser notável que a grande decisão política de monta neste quadro, que serviu para desbloquear a questão alemã, remonte ao tempo do chanceler alemão Helmut Kohl quando este garantiu a paridade entre os marcos de leste e de oeste na Alemanha unificada. O BCE só agora ensaia os primeiros passos como banco federal ao comprar parte da dívida dos Estados-membros e ao fornecer crédito aos bancos privados da zona euro a taxas de juro acessíveis. Como não recordar que o federalismo monetário e financeiro nasceu nos EUA com a compra das dívidas dos estados pela União depois da independência e depois da guerra civil em 1865?

Há vinte anos a captação de fundos estruturais, essa absoluta novidade, foi extremamente positiva, mas hoje o relativo êxito dessa negociação está armadilhado pelas condições restritivas da execução dos futuros quadros comunitários de apoio tendo em conta o espartilho exógeno do Pacto de Estabilidade e do Pacto Orçamental que policia indirectamente a capacidade de orientação do investimento público nos Estados da coesão. Daí também as quebras na execução dos programas comunitários nos últimos tempos. Daí também a actual discussão sobre as virtudes do investimento público. E o regresso dessas verbas aos contribuintes líquidos da Comunidade. Desde 2012 que uma brigada da Comissão Europeia trabalha junto da presidência do governo português no sentido de reorientar a aplicação dos fundos europeus sem resultados à vista.

O combate cego ao défice orçamental leva em linha recta a restrições no investimento público, que o mesmo é dizer ao não aproveitamento pleno dos fundos comunitários. E o não aproveitamento dos fundos comunitários retém esses fundos em Bruxelas, declinando o orçamento comunitário o já fraco papel de atenuante dos choques assimétricos na zona monetária do euro. Não circula o capital, circulam os homens na zona euro.

Outros países, e interesses, darão a execução conveniente aos fundos não utilizados por Portugal no próximo futuro.

A intensa interiorização da necessidade de cortes no investimento público, depois das medidas de austeridade aplicadas ao sector público administrativo, leva os representantes portugueses a uma deficiente posição negocial em Bruxelas, tendo em conta a questão maior que agora se coloca, qual seja a de saber quem paga o último alargamento da UE, e como responder às dificuldades de tesouraria dos Estados do «arcoperiférico» europeu sem acentuar a recessão económica nestes países.

A República Portuguesa perante a mutação de objectivos na União Europeia

Quer a rejeição em 2005 do Tratado Constitucional, quer as dificuldades sobre as perspectivas financeiras dos países da zona euro desde 2010 têm uma origem comum: os pensamentos reservados sobre a criação da zona monetária do Euro e um aumento significativo da desconfiança entre Estados-membros desde o alargamento a Leste.

A má gestão estratégica dos últimos alargamentos não pode ser entendida enquanto primar o preconceito do «moralismo» no processo de decisão que esteve na base do grande alargamento e do abandono da política de coesão no interior do território da UE.

Desde a origem que a acção concertada da retirada russa e da liberalização dos países do Leste europeu colocou uma questão escondida: quem pagaria a transição política nesses países e quem os ajudaria financeiramente neste período? Os russos, em debandada do COMECOM, terminaram com a injecção do petróleo e do gás a baixo preço, e os americanos não entenderam a modernização do Leste europeu como uma responsabilidade directa sua, preferindo garantir, através da NATO, a segurança colectiva daqueles países num processo gradual de expansão ambivalente da Aliança.

Todos concordaram que seria a UE a pagar a conta da reunificação alemã e da liberalização induzida dos países da Europa de Leste.

Os europeus mais previdentes ainda tentaram uma via intermédia criando o Banco Europeu para a Reconstrução e o Desenvolvimento do Leste Europeu e sediaram-no em Londres, mas a pressão continental e transatlântica foi no sentido do alargamento – pagamento global. Foi assim difícil a negociação cuidada país por país, e impossível uma entrada pausada e graduada destes na desnorteada União Europeia. Entraram dez de roldão com os entusiastas do costume muito contentes. A discussão política tornou-se interdita em nome da ética internacional. A ausência de qualquer cuidado português especial foi patente em todo o processo das conversações que se saldaram pelos Tratados de Adesão dos países da Europa de Leste. Não seria a única armadilha que se tecia entretanto à volta de certos países «periféricos» da zona euro.

No entanto, a solução, no papel, era muito simples: só um orçamento comunitário mais robusto permitiria fazer avançar politicamente a União Europeia, atenuar os efeitos recessivos dos choques assimétricos na zona monetária do euro, e integrar convenientemente os Estados do Leste europeu, sem esquecer a matriz democrática do processo inicial da integração europeia.

Há algo sobre o impasse nas reformas institucionais, especialmente as de carácter político, que convém esclarecer entre nós, sobretudo neste momento tão adverso ao regular funcionamento dos órgãos comunitários.

Há uma aliança tácita antifederalista, entre os defensores da existência de um directório das grandes potências e os defensores extremos das prerrogativas soberanistas dos Estados-membros. Nenhuma dessas forças está interessada numa reforma institucional clara e decisiva. Uns porque logram os seus objectivos na actual confusão de poderes, onde jamais predomina o interesse geral europeu. Os outros porque acabam por se contentar com as últimas formas absolutas de soberania: as alavancas das políticas intergovernamentais, as matérias nas quais é requerida a unanimidade, a ratificação dos Tratados. O Tratado de Lisboa veio consolidar esta mecânica acrescentando-lhe o poder dos votos das maiores potências.

Essa aliança tácita entre os antifederalistas soberanistas e os integracionistas funcionais tem impedido a emergência de um poder político democrático a nível da União Europeia, que assim se divide entre o soberanismo de quem é efectivamente soberano e o centralismo burocrático impulsionado pelos grandes interesses fácticos da integração europeia nas instâncias comunitárias. Os Estados mais frágeis ficam cada vez mais frágeis. E pior de tudo, o recente fenómeno da emergência da hegemonia unilateral da Alemanha, vinte anos depois da sua reunificação.

A sucessão de Tratados depois da queda do Muro de Berlim – Maastricht 1992, Amesterdão 1997, Nice 2001, Lisboa 2007, sem mencionar o abortado Tratado Constitucional em 2005 –, dá a medida da ausência de uma visão de longo prazo sobre o futuro da União Europeia. Essa revolução permanente nos objectivos e âmbito de integração europeia destroçou o que subsistia de uma vaga estratégia portuguesa no interior da UE.

A crise financeira de 2008 e as dificuldades de acesso da República Portuguesa aos mercados destroçaram qualquer visão do que poderia ser o melhor caminho naquela emergência. Mesmo o entendimento entre os Governos, a Banca e os grandes projectos de obras públicas se desfaz entre 2010 e 2011. Foi o salve-se quem puder das responsabilidades do modelo de governação e desenvolvimento que encantara os decisores durante cerca de vinte anos. Mas tanto negócio não fora favorável ao crescimento do país.

X

CONCLUSÃO

Enquanto durou o conflito Leste-Oeste, a divisão da Alemanha e a existência de regimes de democracia popular sob influência soviética, a Comunidade Europeia caprichou em dar respostas positivas aos desejos de desenvolvimento e de modernização dos países chamados «da coesão»: Irlanda, Grécia, Portugal e Espanha, por ordem de chegada entre 1973 e 1986. Quando acabou a noção de «Europa Ocidental» e se operou a reunificação alemã, assim como o alargamento a Leste, começou a emergir o egoísmo das lógicas nacionais. Entre 1992 e 2001 passou--se num ápice da miragem da «Europa dos Cidadãos» para a realidade da «Europa das Chancelarias».

Essa fase anterior extremamente positiva da Comunidade Europeia deu rapidamente lugar a um menor entusiasmo pelos países do arco periférico, com a entrada súbita dos Estados da antiga *Mitteleuropa* na União Europeia. Não há maneira de escamotear o diferente comportamento da UE antes e depois do fim da guerra fria. Mesmo a defesa e promoção dos direitos humanos no espaço de liberdade e justiça sofreu uma subalternização nítida. O facto de a UE não subscrever a Convenção Europeia dos Direitos Humanos do Conselho da Europa foi disso sintoma e prova.

Mas o pior estava para vir com a chamada crise das «dívidas soberanas» e as sucessivas medidas avançadas para responder aos desafios colocados.

Angela Merkel é o rosto mais visível dessa política que está a ser aplicada na zona euro, quer para os objectivos estritos de garantir o pagamento das dívidas soberanas, quer para o saneamento das finanças dos países endividados. Recorde-se que a Chanceler foi a primeira a propor o concurso da banca privada na resolução da dívida soberana e a chamar o FMI para os planos de resgate.

Foi depois da resistência a essa sugestões pelos credores internacionais que Merkel se mostrou intratável e se fechou numa implacável defesa das medidas de austeridade.

Ela tinha contra si, em 2009, algumas das características mais gritantes da crise financeira internacional: a paralisia do sistema interbancário de pagamentos, a rarefacção da liquidez monetária e a necessidade de reforçar os *ratios* de cobertura da banca privada, que assim se virou para a cobrança de dívidas aos Estados. As agências de *rating* fizeram o resto e os juros começaram a subir e a divergir entre países da zona euro. Como a Alemanha se refinanciava a custo zero, Merkel achou que tinha todo o tempo para salvar o euro, se fosse caso disso. Errou, e avançou na imposição de medidas de austeridade para os países «periféricos», coberta pela *troika* que Berlim inventou e impôs na circunstância. Apoiou-se então nos credores famintos de reembolsos depois de lhes ter solicitado que colaborassem.

Porém, a banca acabou por participar no significativo perdão da dívida grega, como a senhora havia proposto dois anos antes. E agora já se discute se esse perdão não deve ser extensivo às instituições públicas e se estas restruturações das dívidas soberanas não serão necessárias. Como costumo indagar no meu blogue: «a Grécia vai à frente?».

Será que a Chanceler alemã tem em mente um ponto de equilíbrio entre os interesses dos credores e as necessidades dos países devedores, para lançar o peso da Alemanha numa proposta mais realista e suave do pagamento das dívidas soberanas? Ela corre o risco de, entretanto, ficar isolada na União Europeia[102].

Só o BCE com Mário Draghi esboçou uma resposta eficaz. Os órgãos comunitários desfaleceram todos na emergência europeia.

O «Semestre Europeu» terá sido uma iniciativa de Herman Van Rompuy, presidente do Conselho Europeu, – essa nova figura criada pelo Tratado de Lisboa – com o pretexto de reforçar os mecanismos da União Europeia em termos de «governação económica», em si um objectivo necessário, mas bastante suspeito no momento em que foi lançado na agenda política em 2011 pelo duo Sarkozy-Merkel.

Na prática, o «Semestre Europeu» destina-se a permitir ao Conselho a monitorização das políticas orçamentais de cada Estado-membro. Nesse ciclo de monitorização, o Conselho Europeu identificará, em Março de cada ano, as futuras decisões nacionais, e prestará aconselhamento estratégico que será tido em conta nos respectivos programas de estabilidade e convergência. Em Julho de cada ano, o Conselho Europeu, baseando-se nos programas apresentados em Abril, prestará «aconselhamento

---

[102] J. Medeiros Ferreira, «Os Caminhos da Senhora», in *Correio da Manhã*, 12 de Novembro de 2012.

político», antes de os Estados-membros ultimarem os seus orçamentos para o ano seguinte. Veremos onde se situará a sede do sagrado princípio segundo o qual «no taxation without representation».

O surgimento deste «Semestre Europeu» e a aprovação em 2012 do Pacto Orçamental ilustram muito bem a dialéctica entre metamorfoses dos objectivos da União Europeia e técnicas negociais por diferentes grupos de países. A introdução da *troika* na monitorização dos Estados sob resgate acentuou ainda mais esses procedimentos *ad hoc*.

A criação da zona euro em 1998, com a fixação das taxas de conversão das moedas nacionais na nova unidade monetária, ocorre ainda num período de optimismo oficial europeu. Mas a zona monetária em construção nunca foi amiga de um desenvolvimento acelerado das economias dos Estados-membros. Enquanto as moedas japonesas, chinesas e britânicas seguiam uma política de alinhamento com a desvalorização do dólar, a nova moeda continental europeia mantinha-se sobrevalorizada em relação àquelas moedas e obrigava as economias da zona euro a uma subordinação absoluta aos critérios da boa moeda.

O euro mantém a economia da zona cativa da moeda.

A entrada de Portugal na «pequena Europa» dos nove também tinha subjacente esta possibilidade de retirar meios financeiros do exterior para o desenvolvimento económico e social do país, além de facilitar a vinda de grandes investimentos privados. Tudo isso ocorreu com naturalidade até ao grande alargamento da União Europeia aos países de Leste. Se a entrada dos países da antiga EFTA não buliu com o essencial dos pressupostos do pedido de adesão de Portugal à CEE, já a entrada de roldão dos países que saíram da órbita soviética alterou por completo o centro de gravidade da União Europeia. E a crise financeira internacional a partir de 2008 revelou as fragilidades em que assentava a zona euro. A UE passou a exigir muito mais do que oferecia em troca. Daí que o seu prestígio e poder de atracção tenham decrescido nos últimos tempos. A desconfiança entre Estados-membros cresceu.

Mas com a zona euro voltava-se, de certa maneira, à ligação da moeda nacional ao padrão-ouro. Simplesmente, o ágio dessa ligação será medido pelas subidas das taxas de juro no acesso aos empréstimos externos. E assim como no final do século XIX se esbarrava no aumento do «ágio de ouro», hoje verifica-se um «ágio das taxas de juro», perante o aumento da dívida externa, a falta de cobertura das importações pelas exportações e uma balança de pagamentos insuficiente. Daí a necessidade imperiosa de fluxos financeiros do exterior, de preferência na forma de investimentos internacionais, e muito menos na forma de empréstimos externos.

Porém, a criação da zona monetária do euro fora acompanhada de outra negociação paralela que culminaria na aceitação do Pacto de Estabilidade e Crescimento em 1998 e que depois seria aprofundada com o «Semestre Europeu» de 2011 e com o Pacto Orçamental de 2012.

Tratava-se ainda, no entanto, de uma negociação entre Estados e organismos públicos europeus como a Comissão e o BCE. Refira-se que a Comissão e o ECOFIN deram sempre mais importância à questão do défice do que às percentagens da dívida pública, embora se tenham mostrado ineficazes em ambas.

Era um colete-de-forças com calendários que se revelaram irrealistas para o equilíbrio das finanças da maior parte dos Estados-membros como o demonstram os sucessivos adiamentos: 2000, 2003, 2007, 2013, 2015...

Mas era ainda uma negociação e um compromisso entre poderes públicos europeus.

É verdade que o Pacto de Estabilidade deu origem a uma comédia de enganos entre Bruxelas e os governos nacionais, com a apresentação de orçamentos falaciosos – nas estimativas, na desorçamentação, nas receitas extraordinárias. Chamei-lhe em devido tempo o «Pacto Mentiroso»[103]. Essa comédia durou dez anos, mas agora a situação ainda é pior – por outras razões.

O euro não cumpre o seu papel federador e está a concentrar a riqueza no coração do corpo europeu, não conseguindo bombear os fluxos de prosperidade para os outros órgãos mais periféricos.

Repito, tratava-se de um espartilho, mas era ainda um acordo e uma negociação entre poderes públicos europeus. As ONG do sistema financeiro mundial ainda estavam na sombra. Refiro-me às agências de *rating* que principiaram por distribuir notas máximas até ao meio da crise e depois especializaram-se em chumbar os Estados com «dívidas soberanas», dada a falta de liquidez na banca internacional...

Esta falência dos poderes públicos internacionais, e especialmente europeus, perante essas agências privadas, é uma das piores novidades trazidas pela crise. Recorde-se que a Comissão Europeia, no início de 2010, considerou que deveria ser outorgado, aos Estados que auxiliaram a banca privada em 2009 um período de transição mais suave para reduzirem os défices orçamentais, já que haviam socorrido o sistema financeiro à míngua de liquidez. Foi então que as agências de *rating* entraram em acção e a Alemanha desfez o acordado em sede de ECOFIN

---

[103] José Medeiros Ferreira, «Um Pacto Mentiroso», *Diário de Notícias*, edição de 11 de Novembro de 2003.

e da Comissão Europeia em termos dos prazos para o equilíbrio orçamental até 2011. A essa intransigência trombeteada então seguiram-se flexibilizações sucessivas que já alcançam o horizonte temporal de 2017.

A zona monetária do euro está a fragmentar-se no acesso ao crédito dos países-membros, e existe hoje uma verdadeira clivagem em termos de taxas de juro a pagar pelos Estados com «dívidas soberanas». Não que a crise financeira internacional, com o seu corolário da estagnação do crédito internacional, tenha sido causada pelo recurso à dívida pública por parte dos Estados, mas porque estes, após terem socorrido a banca privada dos respectivos países, passaram a ser encarados como concorrentes nas operações de refinanciamento do sistema bancário. A privatização completa da ordem financeira mundial tem sido prejudicial aos interesses gerais da UE. Esta precisa de armar a globalização com alguns instrumentos de governança mundial. Desde logo atribuindo um papel mais decisivo à Organização Internacional do Trabalho (OIT) na procura de um «comércio justo» a nível mundial, tanto mais necessário quanto a Organização Mundial do Comércio (OMC) conseguiu derrubar muitas das barreiras aduaneiras sem se ocupar de fenómenos conhecidos como os do «*dumping* social». Sem a Organização Internacional do Trabalho não haverá comércio mundial justo, sem o reforço da OIT – ou um seu equivalente – o modelo social europeu continuará numa atitude defensiva. A revitalização da OIT, pela atribuição a este organismo internacional de um papel tão fundamental quanto o da OMC, será indispensável para uma maior governança da globalização e na criação de regras de concorrência internacional mais equilibradas.

O alerta sobre os efeitos do Mercado Comum nos sistemas de segurança social mais avançados na Europa foi deixado por Mendés France no seu discurso de Janeiro de 1957 e deve ser alargado no âmbito da actual globalização comercial e financeira.

O Caso Português

A sociedade portuguesa tem de abandonar a atitude passiva que é a sua desde a entrada na Comunidade Europeia em 1986.

A atitude de bom aluno que o cavaquismo governamental adoptou quando a República Portuguesa entrou na Comunidade Europeia em 1986 marcou, para o bem e para o mal, a integração de Portugal na União Europeia.

A entrada de Portugal na CE correspondeu à vitória do princípio da realidade, numa sociedade demasiado trabalhada por mitos e utopias, desde a imperial à multi-étnica, desde o isolacionismo colonial à revolucionária internacionalista.

Por outro lado, o barroquismo dos procedimentos comunitários foi de molde a agradar a muitos órfãos do juridicismo das construções gerais e abstractas e aos cultores de uma nomenclatura tecnocrata, que sempre aborreceu a intromissão dos poderes democráticos nas escolhas do fomento nacional.

Rapidamente, a visão política e estratégica que comandou a decisão da entrada em 1977 deu lugar, no melhor dos casos, a uma classe de bons alunos. Teria sido uma sorte caso houvesse bons mestres. Mas com a excepção, aliás sobrestimada, de Jacques Delors, não foi assim. Os nossos especialistas em assuntos europeus padecem dessa falta de bons mestres e de uma cultura de negociação internacional mais passiva do que paciente, embora tenha essa aparência.

Os poderes fácticos da sociedade portuguesa levaram ao enfraquecimento do poder político democrático nas suas funções de soberania interna, o que teve consequências na percepção do Estado português visto do exterior. Tanto liberalismo económico interno levou ao enfraquecimento do Estado no plano externo e à consequente quebra da sua capacidade de negociação internacional.

Pessoalmente, que tanto trabalhei para que Portugal entrasse na Comunidade Europeia, confrange-me ver os responsáveis portugueses passivos, ou pacientes, perante o actual padrão da construção europeia e à deriva diante de um comando directorial e até unilateral. O regular funcionamento dos órgãos comunitários desfez-se e ninguém reage nessas instâncias.

A União Europeia, depois das clivagens Leste-Oeste e Norte-Sul, ficou cada vez mais parecida com o Império Austro-Húngaro na sua fase final. Ninguém entende porque não cresce a economia nem porque persiste o desenvolvimento desigual entre as nacionalidades. Entre o burocratismo novecentista de Viena e o imobilismo actual de Bruxelas insere-se a desintegração por incapacidade da liderança. Isto tornou-se particularmente visível com a crise monetária e financeira desde 2008.

Não é fácil equacionar o que está em jogo em termos de União Europeia com a presente crise financeira que, por atingir o euro, corre o enorme risco de se envolver numa crise geral. Existe ainda um risco maior do que esse: o de se tentar salvar a moeda continental à custa da união entre os Estados-membros. O euro, que foi a pedra sobre a qual se reconstruiu a Comunidade Europeia depois da queda do Muro de Berlim, disse-o Guterres, apresentou-se, no início, como a moeda única, depois contentou-se em ser uma moeda comum, e foi sempre apenas uma moeda franco-alemã, com um grande poder de atracção sobre as economias do continente. Os resistentes eram-no por razões históricas, como a Dinamarca, ou políticas, como a República Checa, e não tanto por razões económicas, até ao apuramento dos dados do crescimento da zona euro dez anos depois. Países como Portugal acreditaram que a «moeda única» também lhes pertencia, embora a sua entrada no início, assim como a da Grécia, Itália e Espanha, se tenha devido ao facilitismo e à flexibilidade técnico-política do eixo franco-alemão.

A Grã-Bretanha conservou a libra, por tudo isso e muito mais. No fundo, Londres encarou sempre o euro como parte da resolução continental da questão alemã durante esta fase. E manteve-se ao largo.

Mas agora que a questão alemã parece normalizada, convinha tratar a moeda como fazendo parte de uma verdadeira zona monetária europeia. Caso se não pretenda afundar a UE para salvar a moeda. Até porque esta teria, de novo, de mudar de nome. E se Portugal não deve ser o primeiro Estado a sair do euro, é claro que ficará na primeira linha para o efeito caso haja países como a Itália ou a Grécia que o façam.

Desde o período revolucionário desencadeado pelo 25 de Abril que Portugal não concitava tantas atenções das chancelarias e da imprensa internacional. Naquela altura, por causa da independência política procurada, hoje, pela dependência financeira patenteada. Sempre pelo medo de qualquer contágio. A Reuters explicou-o melhor que ninguém: «O caso português ultrapassa Portugal. Em Paris, Berlim e Frankfurt, Lisboa é encarada como a última linha de defesa antes de uma eventual batalha de Espanha.»

Desta vez sem Wellington à vista.

Com efeito, o euro joga-se nas penínsulas Ibérica e Itálica. É um extraordinário volte-face em relação à situação vivida pela Grécia e Irlanda, em que só a sorte imediata desses países parecia em causa. Entretanto, a repetição dos sintomas financeiros no corpo marítimo da zona euro, desde a Espanha à Itália, levou os grandes decisores europeus a uma maior ponderação sobre a saúde da zona monetária, que nunca foi óptima.

O reduto da central «Europa Fortaleza» já não parece tão seguro de si. Um desfazer da Europa mais oceânica teria consequências sérias no projecto europeu como um projecto de saída da guerra. Ou como perguntou Eduardo Paz Ferreira: «a União Europeia será estúpida?»[104].

Ulrich Beck, professor da Universidade de Munique, autor do recente livro *A Europa Alemã*, afirma que nos últimos tempos surgiram novas clivagens no interior da União Europeia. Passou a fase dos fundadores, a clivagem entre a Europa de Leste e a Europa Ocidental, a separação instigada pela administração Bush entre a Nova Europa e a Velha Europa, para agora existir uma linha separatória entre os países do Norte e os países do Sul, e entre países credores e países devedores que levou à política de resgates com ou sem a intromissão da *troika*. A *troika*, uma criação *ad hoc*, cujas medidas tendem a fazer equivaler, em termos de prós e contras económicos e sociais, a opção de alguns países se manterem na zona euro ou saírem dela, gerando um dilema político da responsabilidade das respectivas capitais.

Essa divisão entre países credores e países devedores levou ao unilateralismo berlinense. Segundo Ulrich Beck, essa hegemonia alemã surgiu acidentalmente, sem plano orientado para além de assegurar o pagamento das dívidas dos credores. Portugal foi apanhado nessa armadilha,

---

[104] Eduardo Paz Ferreira, «Jornal de Negócios, de 30 de Maio de 2011, *in Crónicas de Anos de Chumbo – 2008-2013*, Edições 70, p.181.

dez anos depois da existência da zona euro, para a qual entrou num clima de optimismo, facilitismo e de tolerância geral que também permitiu o alargamento da moeda franco-alemã à Itália, à Espanha e à Grécia, pelo menos. O eixo franco-alemão não quis iniciar a experiência de uma moeda única sozinho...

A República Portuguesa pediu a adesão ao Tratado de Roma em 1977 e entrou efectivamente na CEE em 1986, ainda existia pujante a Europa Ocidental. Depois sucederam-se o Acto Único (1986), o Tratado de Maastricht (1992), o de Amesterdão (1997), o de Nice (2001) e o de Lisboa (2007), e agora o Tratado Orçamental de 2012, passando pelo malogrado Tratado Constitucional (2005). Como facilmente se percebe, a Comunidade Europeia perdeu o seu centro de gravidade entre a reunificação alemã, o grande alargamento a Leste e o estabelecimento da zona euro e desfaz-se em metamorfoses, novas metas e novas exigências.

Contrariamente aos conceptualistas da Europa, o que eu mais aprecio na UE é o seu lado tratadístico, a sua natureza contratual entre Estados e entre cidadãos. Não tenho nenhuma ilusão sobre uma virtual «identidade europeia», mesmo a do percurso dos cafés de George Steiner. Sei quando estou num ambiente europeu mas a União Europeia não precisa, nem tem, identidade e muito menos constitui um só povo. Nunca foi um povo nem separada nem organizada por Impérios ou por Estados. Daí a necessidade positiva de contratos políticos e jurídicos entre as suas partes constitutivas, cidadãos, povos e Estados. Ela é a sucessora democrática da organização internacional do continente por Impérios, Reinos, Principados, Repúblicas, cidades-livres, etc. Não é muito mais do que isso e já é muito, como o próximo futuro o dirá.

Posso conceber, é certo, uma inspiração federal paritária e descentrada, na qual os Estados federados sejam a origem constituinte e os garantes da União. Os EUA nasceram assim e desde então nunca mais se fez melhor. Antes a Suíça fabricara um protótipo confederal que reunia gente com idiomas, crenças religiosas e culturas diferentes[105]. O modelo federal alemão provém de uma história diferente e ainda é cedo para poder servir de exemplo com a sua desigualdade de votos entre os *länder* e a sua Lei Fundamental votada no contexto da derrota na II Guerra Mundial.

Daí que já tenha proposto, sem cuidar da sua possibilidade imediata, a existência de uma câmara representativa dos Estados-membros, um Senado, no sentido bicamaral norte-americano, em que cada Estado tenha o mesmo número de senadores e de votos. Vistos de Washington, de Moscovo ou de Pequim, os Estados da UE, na sua maioria, não são tão diferentes como isso.

De qualquer forma, as perspectivas comunitárias vão mais num sentido centralista e burocrático do que numa via federal e política. A «governação económica» da UE, como se está a desenhar, é o contrário do federalismo. É de inspiração centralista e burocrática e não terá uma grande utilidade como factor de maior união entre os Estados e cidadãos nem garante a difusão do crescimento entre países. A harmonização fiscal como concebida seria negativa para a economia portuguesa.

O pedido de adesão à CEE formulado pelo I Governo Constitucional baseou-se em vários pressupostos, alguns dos quais expressos no capítulo sobre Política Externa do Programa de Governo apresentado à Assembleia da

---

[105] François Garçon, *Le Modele Suisse – Pourquoi ils s'en sortent beaucoup mieux que les autres*, Paris, Perrin, 2008.

República no Verão de 1976, entre os quais o pressuposto do alargamento à Península Ibérica – «essa adjacência não democrática» rejeitada em 1963 –, o pressuposto da entrada posterior da Espanha, o da adesão das ex--colónias à então Convenção de Lomé, e o da dimensão solidária da Comunidade.

Em 2004, escrevi no livro *Recordando José Rabaça* que a direita portuguesa procedeu à sua europeização de fachada durante o cavaquismo governamental: «Sempre traída pelo seu *pathos* autoritário, mas muito prática na defesa do novo *establishment*, conseguiu assentar, em dez anos, o actual modelo económico da sociedade portuguesa: muita banca, muito cimento, muito comércio alimentar. Crédito, casa e comida – é um modelo rudimentar, mas do agrado geral, pelos vistos. A variável da indústria transformadora até perdeu terreno, a partir de então. As obras públicas tomaram o seu lugar. Dizem-nos agora que o modelo está esgotado, mas fez as delícias dos poderosos em Portugal»[106]. Até essa data praticamente ninguém apelava à «produção de bens transaccionáveis»!

De qualquer modo, depois do 25 de Abril, a entrada de Portugal na União Europeia foi o movimento estratégico de maiores consequências contemporâneas para a sociedade portuguesa e a sua maior mola modernizadora.

Sempre necessitada de um impulso exterior para se movimentar, a sociedade portuguesa cobriu-se de uma membrana muito fina de modernidade, e até de pós--modernismo. Assim como o planeamento e a entrada na então Organização Europeia para a Cooperação Económica (OECE) nos obrigou a refazer as contas nacionais, o Plano Marshall a aproveitar os investimentos nas

---

[106] José Medeiros Ferreira, «O soneto e a emenda: que Portugal?», in *Recordando José Rabaça, 1926-1998*. Lisboa, Edeline, 2004, pp. 199.

hidroeléctricas e a projectá-los nos Planos de Fomento, do mesmo modo a entrada na Comunidade Europeia obrigou-nos a uma profunda reforma no sistema fiscal (o ministro das Finanças era Miguel Cadilhe), a melhorar e a actualizar o aparelho estatístico, e a lançar o país no aproveitamento, mais ou menos criterioso, mais ou menos cativo de *lobbies* poderosos, de um vasto programa de obras públicas, de reforço financeiro do poder autonómico e do poder local, para além de ter refrescado os mecanismos de programação nos quadros comunitários de apoio deixados inertes desde os Planos de Fomento. Tudo isto durou 20 anos. Acabámos crivados de dívidas, mas temos infra-estruturas públicas de última geração, enquanto outros países estão também endividados e as suas redes públicas estão obsoletas. Os fundos europeus regressarão, assim haja Comissão Europeia, orçamento comunitário e BEI. E um governo em Lisboa que saiba orientar esses fundos para outros sectores como a educação e a formação profissional, sem necessidade de ter uma «antena» da Comissão de Bruxelas paredes meias com o conselho de ministros.

É verdade que adoptámos o paradigma europeu como se fosse uma dogmática, bem expresso no culto infantil do «bom aluno». Mas, desde a Inquisição que importamos dogmas e paradigmas, sempre prontos a oprimir os outros e a nós próprios com uma qualquer verdade metafísica ou económica. «Reino velho tem dificuldade em emendar-se», dizia o estrangeirado Ribeiro Sanches, mergulhado nas luzes europeias do século XVIII. Foi o que aconteceu mais uma vez neste princípio do século XXI.

Entrámos nos melhores anos da Comunidade Europeia. Os anteriores alargamentos à Irlanda e à Grécia aumentaram as verbas comunitárias para os fundos estruturais. O facto de a Alemanha estar dividida entre dois modelos de sociedade permitiu que a Europa Ocidental desse o seu melhor para salvaguardar o espaço de liberdade, direitos humanos, democracia pluralista e o modelo social em vigor. Só depois da queda do Muro de Berlim se avançou para o espaço de segurança e justiça já pleno de equívocos. Depois vieram os alargamentos a Leste, a globalização comercial via OMC, e a União Europeia perdeu o seu centro de gravidade, abriu-se a novas clivagens, entre o Norte e o Sul, entre países credores e países devedores[107]. Ainda não o reencontrou, agora está cativa da resolução da crise da zona euro, em que avulta o papel da *troika*, cujas medidas acabarão por tornar equivalentes os prós e os contras da manutenção ou da saída dos países devedores dessa zona monetária.

A União Económica e Monetária (UEM) foi um objectivo necessário no contexto de reunificação alemã e de alargamento a Leste. Tinha de se lançar uma âncora. A zona monetária é que foi mal concebida, quiçá com reserva mental. A zona euro prejudicou o crescimento da economia portuguesa e nunca mais fomos os mesmos.

Estas negociações para a entrada na serpente cambial e no euro foram das piores da nossa história desde o estabelecimento do padrão-ouro.

Deste modo, a economia portuguesa não só perdeu o volante da política cambial como teve de enfrentar a conversão de um escudo sobrevalorizado que lhe fez perder competitividade externa automaticamente. As consequências vieram a seguir. E não foi só o montante da «dívida soberana»

Por exemplo, a Economia Social patente no «Memorando de Entendimento» é muito clara no seu objectivo

---

[107] Sobre as novas divisões no continente europeu ver o livro de Ulrich Beck, *A Europa Alemã*, Lisboa, Edições 70, 2013.

de criar condições favoráveis à mobilidade do factor trabalho a fim de este se dirigir para os centros de crescimento económico onde exista capital, e abandonar os sectores e as regiões em depressão à míngua de investimento. É uma velha lei das zonas monetárias obrigar o factor humano a seguir a moeda onde ela se encontra. Em claro, abre-se um novo ciclo de emigração para os portugueses.

Assim, no ponto que versa o «Mercado do Trabalho e Educação», as medidas tendem a «facilitar a transição dos trabalhadores em todas as profissões, empresas e factores», fragilizando deliberadamente o vínculo dos contratos de trabalho, reduzindo os períodos do subsídio de desemprego, e as indemnizações de despedimento. Embora essas medidas sejam apresentadas como «políticas activas para o mercado de trabalho», não se percebe como uma economia como a portuguesa, com o desemprego a crescer, possa absorver tanta disponibilidade de mão-de-obra. O caminho possível será pois a mobilidade para o mercado comunitário na figura da livre circulação de trabalhadores, ou para destinos extracomunitários sob o nome mais conhecido de emigração.

Até as disposições positivas facilitam essa sangria de pessoas de Portugal. Os países receptores de mão-de-obra querem receber recursos humanos formados nos países de origem à custa dos orçamentos dos Estados periféricos. Deste modo o «combate ao défice educativo e ao abandono escolar precoce» fica a cargo da República Portuguesa.

Também a rubrica «Mercado Habitacional» está cheia de boas intenções, pois é preciso libertar «as famílias» do pesadelo das prestações mensais dos T1, T2 ou T3, que, aliás, enriqueceram os promotores, bancos incluídos. «Promover a mobilidade dos trabalhadores» implica, assim, eliminar a compra de casa própria, fonte de endividamento das famílias e de crédito malparado na banca, e promover um miraculoso mercado de arrendamento urbano congelado desde o salazarismo. Com as novas leis tudo será mais rápido e feito para fazer circular as pessoas. Até o processo de divórcio simplificado ajudará a afrouxar os laços e a partir! É a insustentável leveza do ser!

Num país em graves dificuldades de crescimento económico e fraco investimento, a mobilidade dos recursos humanos, assumida pela *troika* no quadro do endividamento, não se destina tanto ao mercado interno quanto ao externo. É uma ordem para emigrar.

Esta «ordem para emigrar»[108] só acabará quando a zona monetária do euro se dotar de recursos financeiros para atenuar os efeitos assimétricos do crescimento no interior da UE, *maxime* a mudança de estatutos do Banco Central Europeu para permitir que se possa tornar num verdadeiro banco central, coisa que manifestamente não é. A continuar assim, a UE aproxima-se do modelo burocrático decadente do Império Austro-Húngaro no início do século XX. E poderá acabar como o Sacro Império Romano-Germânico, ressuscitado, no século XV, e já cadáver putrefacto em 1806 quando Napoleão lhe passou a certidão de óbito pronta desde o Tratado de Vestefália de 1640.

Ainda não sabemos como irá evoluir a zona euro depois da crise das «dívidas soberanas». Em princípio, a República Portuguesa deve fazer um esforço honesto para se manter na moeda continental, mesmo pagando um preço elevado por isso, mas não a qualquer preço. Assim como Portugal teve um problema com a ligação da moeda nacional ao padrão-ouro que vigorou entre nós

---

[108] José Medeiros Ferreira, «Ordem para emigrar», artigo publicado no *Correio da Manhã*, 4 de Junho de 2011.

desde meados do século XIX (entre 1854 e 1931), com algumas interrupções como a da bancarrota em 1892, também a nossa permanência no padrão-euro leva ao pagamento de um ágio. Não àquele «ágio do ouro» que serviu de tema à dissertação universitária do Dr. Oliveira Salazar, mas ao ágio da subida das taxas de juro diferenciadas entre países da zona euro. Tudo se encaminha, aliás, para a diferenciação do euro por zonas de taxas de juro: o euro franco-alemão do triplo AAA, o euro espanhol, o euro italiano, o euro português, etc. Para termos acesso ao crédito a taxas de juro mais baixas, temos de nos socorrer de intermediários: o Fundo Monetário Internacional, o Mecanismo Europeu de Estabilização Financeira, o Banco Central Europeu. É óbvio que Portugal perdeu capacidade internacional de negociação financeira e esse é o seu principal problema. Conseguiríamos melhor fora do euro? A segurança de Portugal, como de outros países europeus, passa por um entendimento internacional sobre as «dívidas soberanas». Caso contrário assistiremos ao desmantelamento dos serviços públicos do Estado desde a Península Ibérica à Península Balcânica. Até o relatório da OCDE sobre Portugal, na sua III Parte, chama a atenção para este risco, propondo a robustez e a capacidade efectiva dos serviços públicos[109].

Mas que a zona euro está a exigir mais do que oferece, isso é verdade. Temos de saber encarar a adesão à UE, e sobretudo a entrada na zona euro, apenas como fases de uma estratégia mais vasta de integração no mundo global. Não mais do que isso, nem menos. Não um fim em si mesmo mas um meio para se transaccionar com o mundo.

---

[109] *Portugal: Reforming the State to Promote Growth*, Paris, OCDE, 2013.

Quando enviei uma tese para o Congresso Democrático realizado em Aveiro em Abril de 1973, chamei a atenção para o papel que os militares teriam no derrube da ditadura e no lançamento de uma política de descolonização, democratização e desenvolvimento. Em 1977, como ministro dos Negócios Estrangeiros do I Governo Constitucional, fui responsável pela rapidez do pedido de adesão plena à então CEE – com o que se pretendia selar a aliança entre a democratização e o desenvolvimento na República Portuguesa e no espaço europeu. Afirmara já, no entanto, num livro de entrevistas de Mário Mesquita, *Portugal sem Salazar*[110], que o plano nacional seria ainda o melhor para defender e garantir as liberdades individuais, públicas e políticas. É de novo onde estamos, devido ao percurso que a UE tem percorrido desde o fim da guerra fria.

Quando Portugal aderiu à Comunidade Europeia, o conflito Este-Oeste vigorava e a Europa estava dividida, à semelhança da Alemanha. De certa maneira, a República Portuguesa entrou na Europa Ocidental que hoje não existe, mas jamais numa Europa ensimesmada e destinada a recriar, fora do direito europeu, uma qualquer hierarquia de Estados, e muito menos de poderes fácticos, económicos, financeiros, religiosos ou doutrinários. A filosofia do bom aluno e dos maus mestres e a adesão impreparada ao SME em 1992 e à zona euro em 1998 demonstraram que os protagonistas de então não conseguiram estabelecer estratégias nacionais próprias no seio da UE. A oligarquia portuguesa foi europeísta com a mesma mentalidade acrítica com que fora colonialista até à exaustão.

---

[110] Mário Mesquita, *Portugal sem Salazar*, Lisboa, Assírio & Alvim, 1973.

Victor Cunha Rego, já doente, telefonou-me em 1999, a propósito de uma entrevista que eu concedera a Luís Osório, para me incentivar a estar atento aos sinais de um possível esgotamento do quadro comunitário para Portugal e fez-me uma exigência moral que não esqueço: «Está atento, quando vires que é necessário, defende a saída de Portugal da UE».

Ora, por muito imperfeito, e até negativo, que fosse esse quadro já na altura, ele era ainda formado por poderes públicos europeus e por órgãos colegiais multilaterais como o Conselho, a Comissão e o Parlamento Europeu. Porém, nestes últimos tempos, a anexação do projecto europeu por poderes particulares, e até privados, mudou a natureza da integração europeia.

Neste momento, as instituições europeias não funcionam, nem dentro nem fora dos Tratados.

Os poderes públicos batem em retirada. A globalização como a conhecemos, assente na hegemonia tecnológica e militar dos EUA, baseada numa rede de telecomunicações, e no seu correlativo da cyber-disputa e mesmo do cyber-terrorismo, comandada por uma rede de circuitos financeiros e comerciais, está a dar passagem a uma fase de globalização mundial anarquizada, imperialmente privatizada, na qual os poderes públicos internacionais e nacionais desfalecem. Enquanto Washington mantiver a supremacia do seu aparelho militar julga-se capaz de arbitrar e conduzir os aspectos mais mundiais de globalização. Mas tal poder-se-á revelar uma ilusão.

Se isso já acontece com o poder dos EUA, que dizer das pretensões das potências europeias, com a excepção da Rússia, que, vistas do exterior, são poderes regionais no máximo com significativa capacidade de projecção de forças no exterior como Londres e Paris? Mas não é fortuitamente que essas capitais promovem campanhas extracontinentais a favor de intervenções circunscritas na Síria, no Mali e na Líbia, contrastando com a distância da Alemanha e a prudência da Rússia, talvez as duas potências continentais que mais reservas acumulam para o futuro. Mas em geral a globalização é assunto privado.

Também instituições comunitárias batem em retirada. Ao nível da Comissão Europeia há um momento durante a crise financeira em que essa impotência se torna patente. Foi em 2009 quando Bruxelas recomendou um calendário mais alargado para alguns países atingirem o equilíbrio orçamental por haverem apoiado a banca privada adiando para o ano de 2013 as exigências do Pacto de Estabilidade, nomeadamente os indicadores do défice orçamental e da percentagem da dívida pública.

Ora, foi então que entraram em cena as agências de *rating* – uma das expressões actuais da imposição dos interesses financeiros privados a qualquer poder público desde o FMI ao BCE, do ECOFIN ao Eurogrupo. As medidas austeritárias começam pois em 2010 na Grécia para evitar a renegociação dos montantes e do perfil da dívida externa grega, o que já mereceu em 2013 as críticas dos serviços do FMI. A constituição do Fundo Europeu de Estabilidade Financeira, e, depois, do Mecanismo com o mesmo nome foi apenas uma resposta reactiva à mudança abrupta do mercado global. A outra foi a constituição da *troika*.

A *troika* mal tem três anos e merece uma avaliação impiedosa pelos Estados e pelas populações vítimas dos seus erros e abusos. Foi um híbrido criado pela senhora Merkel, ainda os outros pan-europeus consideravam abusiva a presença do FMI na casa comum da moeda continental. Passou-lhes depressa o prurido. O FMI não só entraria com os seus recursos em «direitos de saque» para preencher os montantes dos resgates à Grécia, à

República da Irlanda e à República Portuguesa – e assim garantir ao máximo o regular pagamento às entidades credoras –, como era conhecido por um receituário de desnatação rápida de recursos de Estados com carência de meios de pagamento sobre o exterior. A perspectiva de equilíbrio do FMI é de curto prazo.

Cedo se percebeu que o FMI, na altura em transição de liderança, não tinha as medidas adequadas para lidar com países integrados numa zona monetária com as imperfeições da zona monetária do euro. A vocação do FMI para equilibrar, num prazo curto, as contas externas dos países em cura de meios de pagamento também não se compadecia com a natureza mais prolongada da crise financeira e económica dos países da zona euro. O FMI nunca conseguiu responder ao desafio de equilibrar as contas de um país que já não tem moeda própria. Pelo seu lado, o organismo sediado em Washington não deixou de difundir algumas críticas negativas ao modo de funcionamento dos pilares europeus da *troika* como a Comissão de Bruxelas e a falta de protagonismo do Banco Central Europeu. Como escrevi em tempos: «É pois provável que o FMI se venha a escusar a participar em novos resgates no âmbito da *troika*, ou seja numa equipa que deixará atrás de si um rasto doloroso de empobrecimento, desemprego e de crescimento da dívida. O pós-*troika* pode ser uma UE mais entregue a si própria, se houver novos resgates.»[111]

O problema reside no entanto na percepção extracontinental da UE, e em particular da zona euro. A própria Alemanha, vista como o «império acidental», ou o «império fortuito» dentro da UE, não tem estatuto

---

[111] In *Correio da Manhã*, edição de 1 de Junho de 2013.

semelhante no vasto mundo extracontinental. Partilha, é certo, de uma aparente saúde industrial e comercial que a leva a entesourar meios e recursos monetários naquilo que já foi designado como «mercantilismo financeiro», a par de outras potências como os produtores de petróleo, a China, a Rússia, e até o Brasil. Mas ainda não soube ajudar a zona euro a salvar-se. Ou porque não quer ou porque o problema lhe surgiu sem estar preparada para lhe fazer face e também é vítima de uma globalização mais anárquica do que governável.

Até o pressuposto das transferências financeiras entre Estados e regiões, que vigorou até à criação da zona euro com os chamados fundos estruturais e de coesão, não acompanhou as necessidades desta zona monetária péssima, antes pelo contrário. Mesmo entre regiões de um mesmo Estado há resistências a essas transferências, como se verifica na Alemanha, na Itália ou em Espanha.

Contudo, nenhum Estado-membro pediu ainda a sua saída da zona euro, e muito menos da União Europeia, mesmo perante o agravamento das desigualdades entre eles e da ressurgência da ideologia da superioridade civilizacional dos países do Norte sobre os do Sul, a que só falta conotar uma raça ou uma religião.

Portugal necessitaria de vários parceiros estratégicos internacionais para ousar abrandar o seu empenhamento na UE e desvincular-se da sua ligação ao padrão-euro. Não lhe cabe a iniciativa neste quadro em que o isolamento seria o pior cenário. Mas o «federalismo centralista» que se anuncia com o seu corolário de uniformização fiscal não lhe é de todo favorável, nem política nem economicamente. Este é um momento de expectativa estratégica de fundo.

Sem uma câmara onde os Estados estejam representados em pé de igualdade, sem um PE e uma Comissão que defendam o interesse geral na UE, sem uma modulação fiscal que atraia o capital e o investimento, a sociedade portuguesa será aniquilada. O ideal seria que esses parceiros estratégicos despontassem no espaço europeu, desde a Inglaterra à Rússia, desde a França à Alemanha. Mas o mais provável será uma fronda espanhola ou italiana em relação à zona euro.

Caso o continente continue impávido, a alternativa passa pela interdependência com outras entidades: a CPLP para a defesa e promoção da língua portuguesa no mundo nacional e internacional; os EUA para a inovação tecnológica, científica e universitária e para o futuro da racionalidade internacional da segurança; Brasil, Angola, Moçambique e China, entre outros países, para o restabelecimento das relações comerciais e financeiras suplementares ao espaço europeu. E, sobretudo, para carrear as peças para uma governança mundial.

Conceber certos mecanismos tendentes a permitir alguma governança da globalização com a supervisão financeira ao nível dos Estados e ao nível internacional já não é um escândalo; propor políticas de crescimento; contribuir para as missões humanitárias, quer de um ponto de vista civil, quer militar, – são políticas de segurança colectiva que se devem reforçar. Mas é necessário sobretudo dinamizar certos organismos especializados da ONU, como a Organização Internacional do Trabalho, um contributo que os representantes portugueses deveriam prestar a todos e a si próprios. Sem a OIT não haverá comércio mundial justo, sem o reforço real deste organismo, o modelo social europeu continuará na defensiva perante o *dumping* social praticado noutras zonas do globo graças à opressão da mão-de-obra. A atribuição à OIT de um papel tão decisivo quanto o da Organização Mundial do Comércio é indispensável para a sua revitalização, para uma governação global mais sustentada e para a salvaguarda do modelo social europeu.

O maior perigo que espreita a República Portuguesa é mesmo o da alienação da sua vontade de participar activamente na política internacional, no exacto momento em que os mecanismos próprios do sistema financeiro mundial e do funcionamento actual da UE tendem a anular os interesses de países como Portugal. Ora, a sociedade portuguesa só pode vencer esse desafio com uma política externa própria e activa. E sem novas ilusões sobre qualquer Mapa Cor-de-Rosa que o prolongamento das dificuldades tem tendência a suscitar.

Sem uma política externa própria e activa não haverá condições para a atracção do capital e do investimento nesta faixa ocidental da Península Ibérica, nem gestão da isobar fronteiriça atlântico-continental que se está a formar na atmosfera insular dos Açores e até da Madeira. A dimensão marítima e oceânica deve suscitar a nossa melhor preparação e atenção. Mas sem a tentação de fazer dela um novo Mapa Cor-de-Rosa.

O Estado é ainda o nosso maior negociador internacional embora em declínio, e a posição de Portugal no mundo tece-se como a teia de Penélope que se faz e desfaz para se refazer. E a União Europeia também, sendo os mecanismos democráticos a base do renascimento. Não pode haver descanso, até para que se não actualize aquela referência de Agostinho da Silva, a de Lisboa como tendo tido historicamente «o papel de impor o estrangeiro ao resto do País». Numa comunidade democrática esse perigo não pode existir.

Está pois na hora de revisitar os fundamentos da integração europeia. Esta, encarada do princípio, nos anos após a II Guerra Mundial, foi uma resposta pragmática à ausência de Tratado de Paz; vista no meio, nos anos 80 depois da reunificação alemã e do alargamento a Leste, foi a vitória do conceito de «Comunidade de Destino», tantas vezes propagandeada por alternados vencedores e vencidos no continente; nos nossos dias anuncia desilusão e tempestade. Há que ultrapassar este estado de coisas. Mas não pode haver aprofundamento da União sem aprofundamento da democracia a todos os níveis.

O erro inicial foi o da fuga à vontade dos povos e ao escrutínio democrático a nível europeu. Disse-o Mendés France com clareza no Parlamento francês em Janeiro de 1957. O chamado «método Jean Monnet» acabaria por criar um hiato entre a Europa dos oligarcas e dos burocratas e a Europa dos Cidadãos para surgir agora a Europa das Chancelarias. Ora, a Europa das Chancelarias não é um passo em frente em relação à história do continente. Nem na sua forma de eixo, ou de directório, e muito menos sob qualquer conduta unilateral. Sendo certo que a UE não é o território ideal para qualquer utopia.

FONTES ARQUIVÍSTICAS

A MNE, A-6; M-63, Conferência de Paz, *Princípios de Reparação apresentados pela Delegação Britânica e que a Delegação Portuguesa faz seus*, Paris 30 de Abril de 1919, 12 páginas.

Archives du Ministére des Affaires Étrangères, Carta do MNE Aristide Briand datada de 12 de Agosto de 1926 e endereçada ao embaixador francês em Berlim M. de Margerie, AMAE, Série Europe. Paris.

Arquivos da Sociedade das Nações, SDN [A 46.1930 VII] e (1930-VII-4), Secção Política, Genebra.

Arquivo Histórico do MNE, Lisboa, União Federal Europeia, Resposta do Governo Português ao *memorandum* francês de 1 de Maio de 1930, 3.° piso, Maço 226, Processo 47.

Arquivo Histórico do MNE, Lisboa, Ofício de Salazar datado de 22 de Janeiro de 1942, enviado aos embaixadores de Portugal em Berlim e em Londres.

Diário da Câmara dos Deputados, 30 de Março de 1920, Proposta de Lei n° 329-A de 30 de Janeiro de 1920.

Documents Diplomatiques Suisses 1848-1945, Vol. 7 (1918-19), Berna, 1979, p. 735, Relatório de William Rappard ao Chefe de Departamento de Política, F. Calondes, datado de Paris, 29 de Abril de 1919.

BIBLIOGRAFIA

AAVV, *Portugal e a Construção Europeia*, Coimbra, Almedina, 2003.

AAVV, *Portugal e a Integração Europeia, A perspectiva dos actores*, organizadores PINTO, A. Costa, e TEIXEIRA, N. Severiano, Lisboa, Temas e Debates, 2007.

Adesão de Portugal às Comunidades Europeias, História e Documentos, Introdução de J. Medeiros Ferreira, Assembleia da República, Parlamento Europeu, s.l., 2001.

BECK, Ulrich, *A Europa Alemã*, Lisboa, Edições 70, 2013.

CASTRO, Francisco de, *O Pedido de Adesão de Portugal às Comunidades Europeias*, Lisboa, Principia, 2010.

CRUZ, Duarte Ivo, *Estratégia Portuguesa na Conferência de Paz – As Actas da Delegação Portuguesa*, Lisboa, FLAD, 2009.

DAVIES, Norman, *Vanished Kingdoms*, Londres, Penguin Books, 2011.

DUROSELLE, J. B., *História da Europa*, Lisboa, Círculo de Leitores, 1990.

DUROSELLE, J.B., *Histoire Diplomatique de 1919 à Nos Jours*, 7º ed., Paris, Dalloz, 1978.

FERREIRA, Eduardo Paz, *Jornal de Negócios*, de 30 de Maio de 2011, in *Crónicas de Anos de Chumbo – 2008-2013*, Lisboa, Edições 70.

FERREIRA, José Medeiros, *Portugal na Conferência de Paz*, Lisboa, Queztal, 1992.

FERREIRA, José Medeiros, *A Nova Era Europeia*, Lisboa, Ed. Notícias, 1999.

FERREIRA, José Medeiros, «Um Pacto Mentiroso», *Diário de Notícias*, edição de 11 de Novembro de 2003.

FERREIRA, José Medeiros, «O soneto e a emenda: que Portugal?», in *Recordando José Rabaça, 1926-1928*, Lisboa, Edeline, 2004.

FERREIRA, José Medeiros, «Bons alunos de maus mestres», in *Revista de Relações Internacionais*, n.º 7, Lisboa, IPRI, 2005.

FERREIRA, José Medeiros, *Cinco Regimes na Política Internacional*, Lisboa, Ed. Presença, 2006.

FERREIRA, José Medeiros, «O ciclo da Comunidade Europeia», *Diário de Notícias*, edição de 4 de Janeiro de 2006.

FERREIRA, José Medeiros, «Ordem para Emigrar», *Correio da Manhã*, edição de 4 de Junho de 2011.

FERREIRA, José Medeiros, *Os Açores na Política Internacional*, Lisboa, Tinta da China, 2011.

FERREIRA, José Medeiros, «Os caminhos da senhora», *Correio da Manhã*, edição de 12 de Novembro de 2012.

FERREIRA, José Medeiros, «O pós-Troika», *Correio da Manhã*, edição de 01 de Junho de 2013.

GABERT, P., V.Y. GHEBALI, M.R. MOUTON, *Les palais de la paix – SDN et ONU*, Paris, Ed. Richelieu, 1973.

GARÇON, François, *Le Modèle Suisse: Pourquoi ils s'en sortent beaucoup mieux que les autres*, Paris, Perrin, 2008.

GARRET, Almeida, *Portugal na Balança da Europa*, Lisboa, Livros Horizonte.

GUILLEMIN, *La Verité sur L'Affaire Pétain*, S. Ed., 1996.

HITLER, Adolf, *Mein Kampf*, Paris, Nouvelles Éditions Latines, s.d..

HORTHY, Nicholas, Regent of Hungary, *Memoirs*, Londres, Hutchinson, 1956.

JANEIRO, Helena, *Salazar e Pétain*, Lisboa, Edição Cosmos, 1998.

JOHNSTON, William M., «El génio austro húngaro», in *História Social e Intelectual 1848-1938*, Oviedo, Ed KKK, 2009.

JUDT, Tony, *Pós-Guerra – História da Europa desde 1945*, Lisboa, Edições 70, 2006.

KEYNES, J. Maynard, *As Consequências Económicas da Paz*, 1919.

LEITÃO, Nicolau Andresen (Org.), *20 anos de Integração Europeia. O Testemunho Português*, Lisboa, Cosmos, 2007.

LIPGENS, Walter (ed.), *Documents on the History of European Integration*, Volume I - Continental Plans for European Union (1939-1945), European Universit Institute, l984.

MAGALHÃES, Barbosa de, *Mémoire justificatif des réclamations portugaises sur les dommages auxquels se rapporte le f4.e, de l'annexe à l'article 298 du Traité de Versailles*, 1923.

MAZOWER, Mark, *O Império de Hitler – O Domínio Nazi na Europa Ocupada*, Lisboa, Edições 70, 2013.

MESQUITA, Mário, *Portugal sem Salazar*, Lisboa, Assírio & Alvim, 1973.

MONNET, Jean, *Mémoirs*, Paris, Fayard, 1976 e *Memórias*, Ulisseia, 2004.

NOGUEIRA, Franco, *Salazar*, Vol. II, Coimbra, Atlântida Editora, 1977.

OLIVEIRA, Pedro Aires de, *Os Despojos da Aliança. A Grã-Bretanha e a Questão Colonial, 1945-1957*, Lisboa, Tinta da China, 2007.

OCDE, *Portugal: Reforming the State to Promote Growth*, «Better Policies», Séries, Paris, Maio 2013.

PAXTON, Robert O., *La France de Vichy*, 1940-1944, Paris, Éditions du Seuil, 1973.

Portugal – Europa, 25 Anos de Adesão, coord. Maria Manuela Tavares Ribeiro, Coimbra, Edições Almedina, 2012.

Portugal: Reforming the State to Promote Growth, Paris, OCDE, 2013.

Programa do I Governo Constitucional, Lisboa, 1976.

QUEIROZ, Maria Inês, *Portugal e as reparações de guerra (1919-1933)*, trabalho de Mestrado, FCSH-UNL, Policopiado, Lisboa, 2003.

REBELO da Silva, *História de Portugal – Séc. XVII e XVIII*, Lisboa, I.N., 1971.

ROCHELLE, Pierre Drieu de la, *Journal* (1939-1945), Paris, Gallimard, 1992.

SALAZAR, A. Oliveira, *Discursos e Notas Políticas*, vol. I (1928-1934), 5ª ed., Coimbra Editora, 1948.

SALEWSKI, Michael, «Ideas of the National Socialist Government and Party», in *Documents on the History of European Integration*, European University Institute, 1984.

SILVA, Aníbal Cavaco e, *Auto-Biografia*, Volume II, Lisboa, Ed. Círculo de Leitores, 2004.

SCHACHT, Hjalmar, *Setenta e Seis Anos da Minha Vida*, Edit. 34 Lt, S. Paulo, 1999.

SIOTIS, Jean, *Essai sur le Secrétariat International*, Genève, Publications de l'Institut Universitaire des Hautes Études Internationales, 1963.

SOARES, Mário, *Mário Soares – o que falta dizer*, Lisboa, Casa das Letras, 2005.

TOYNBEE, A. (org.) *Hitler's Europe (Survey on International Affairs, 1939-1946)*, London-N.York-Toronto, 1954.

VALÉRIO, Nuno, *O Escudo – A Unidade Monetária Portuguesa 1911-2011*, Lisboa, Banco de Portugal, s.d..

WERY, Max, *E Assim Murcharam os Cravos*, Lisboa, Fragmentos, 1994.

Les intellectuels et l'Occupation, Paris, Editions Autrement, Coll. Mémoires, 2004.